ALCANZA EL ÉXITO

CONECTANDO CON TUS CINCO EX

ÁNGELA KOHLER

Prólogo por
ARTURO VILLEGAS

EXISTENCIA
EXTRAORDINARIO
EXIGENCIA
EXPERIENCIA
EXCELENCIA

Para ti, Madre.

Este es un libro que rompe con todas las etiquetas sobre lo que la cultura y la sociedad nos determina alrededor del éxito, narrado desde mi propia experiencia personal, con sustento académico, de quien aparentemente era una mujer exitosa, pero solo hacia afuera, no para ella misma. Te invito a leerlo para que juntos recorramos un camino lleno de anécdotas de una mujer que en la actualidad sin rangos y sin títulos, sí es exitosa.

ÍNDICE

PRÓLOGO

Cuando conocí a Ángela advertí a una persona abierta, servicial, espiritual, bondadosa, muy analítica y sumamente profesional.

Fui tratándola más y conocí parte de su historia. Recuerdo que le pedí que no se guardara ese pasado tan fuerte que tenía, y que estaba seguro de que compartirlo daría muchas lecciones y enseñanzas, además sería un bálsamo para mucha gente, y por qué no para ella misma.

Cuando llegó el momento escribió, escribió y escribió, y su corazón habló, sus memorias vinieron y pronto estaba mandándome el primer manuscrito para su revisión.

Y ya que me dio el gran honor de escribir el prólogo, no puedo dejar de agradecer su compromiso al darse y entregarse en cada palabra y cada historia, proporcionando valor con cada párrafo; compartiendo sus dolores, sus miedos, sus frustraciones, sus triunfos, sus sueños, sus anhelos; y dejarse ver como cualquiera de nosotros en esa búsqueda por el éxito.

Y es que cuando uno lee el libro encuentra esa combinación perfecta entre conocimiento y experiencias de alguien a quien la vida le ha dado lecciones, y las ha podido procesar para encontrar esa sabiduría que se obtendrá al leer este texto.

Tanto se ha hablado y escrito sobre el éxito que es muy complicado encontrar una propuesta fresca, y Ángela pudo a través de un relato sin pretensiones, sin complejidades, con un lenguaje claro y salido del corazón, poder entregar su vida, y parte de lo que esta le ha enseñado.

Me puso a reflexionar mucho en si voy por un camino en el que al final de mis días, cuando voltee a mirar atrás y contemple mi **EXistencia**, me haga sentir satisfecho, sin arrepentimientos, con una paz que me generará el haber vivido de forma **EXtraordinaria.**

Saber si he podido **EXigirme** para ser mi mejor versión ofreciendo mis talentos a los demás, y si he compartido mi **EXperiencia** para hacer cuando me vaya, de este, un mejor lugar de lo que era cuando llegué.

· · ·

El **ÉXito** es algo tan buscado en este mundo materialista, consumista, muchas veces perdido por olvidar principios y valores universales en la práctica, que historias inspiradoras como las que se plantean en el libro, me recuerdan mi deber de hacer de la **EXcelencia** una forma de vida que me lleve a lograr el verdadero Éxito, que es ser feliz.

Ángela, gracias por tocar fibras sensibles con tus vivencias, por ser tan humilde para que podamos identificarnos contigo, para saber que no somos los únicos que estamos luchando con nuestros demonios, pero sobre todo para darme una linda tarde de lectura replanteando muchas cosas en mi vida. Esa es una maravillosa función de los libros, compartir vida para dejar enseñanzas que impacten vidas, y mensajes que sean dados en el momento adecuado a la persona adecuada.

El lector seguramente también lo disfrutará y encontrará su propia definición de Éxito, invocando a sus **EX** como nos enseñaste. Felicidades.

Arturo Villegas (México).
Happiness developer, conferencista, escritor y soñador.

INTRODUCCIÓN

Escribo este libro para mostrarte que hay un camino, el que yo seguí, que me ha conducido al bienestar, la realización y la felicidad, lo hago inspirada en la idea central del libro llamado Un Curso de Milagros, de la psicóloga Helen Schucman, que dice:

 «Yo no soy un ser terrenal teniendo una experiencia espiritual, soy un ser espiritual teniendo una experiencia humana».

Por muchos años tuve una interpretación equivocada sobre el éxito. Todos buscamos, en mayor o menor medida tener éxito. Pero ¿qué significa éxito para ti? y si lo has logrado, ¿te ha hecho feliz?, ¿por cuánto tiempo? Podemos tener mucho éxito y ser infelices, y a la vez podemos ser muy felices, aunque desde el punto de vista de la mayoría de la gente, no seamos exitosos.

El diccionario nos dice que tener éxito, es lograr el resultado que deseamos, que pobre definición. Nuestra cultura, la occidental, ha utilizado la palabra éxito, como sinónimo de poder y de grandes logros económicos y sociales. Te mostraré en este escrito cual es el camino que he recorrido para llegar a las conclusiones del éxito desde la Existencia, la Exigencia, la Excelencia, la Experiencia y lo Extraordinario.

Te invito a hacerte estas preguntas:

- ***¿Qué es lo que más disfrutas haciendo?***
- ***¿Qué hace mover tu alma?***
- ***¿Qué te hace sentir vivo?***

Admitamos que necesitamos ayuda y debemos pedirla para que las puertas se abran. El ego le pone cerrojo a las puertas de la prosperidad. No atraemos lo que queremos, atraemos lo que somos. De pequeños tenemos sueños, al crecer los olvidamos porque nos da miedo no tener la valentía de satisfacer a los demás, de no gustarle a los demás. Por eso los sueños de infancia quedan relegados a un cajón que cerramos con las llaves del ego. Es aquí donde desviamos nuestro camino hacia el éxito.

Sabes que siempre vas a decepcionar a alguien si actúas llevado por el ego y no por el propósito y esto te traerá profundas decepciones, te vas hundiendo en un conflicto interno que te grita que no eres capaz. Aquel proyecto inconcluso, aquella obra no terminada, aquel sueño aplazado, busques lo que busques en la vida, está ahí esperándote dónde y cuándo sea necesario, siempre que te muevas desde el propósito

Me encantaría que a través de este libro te conviertas en el observador de tu propia vida, como lo dijo Carl Gustav Jung:

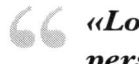 *«Lo más relevante en la vida de una persona es su relación con lo infinito».*

I

EXISTENCIA

EXISTENCIA

1

MI MADRE ASESINADA, MUERE
ENTRE MIS BRAZOS

Deben ser más o menos las 5:30 de la mañana. Al abrir mis ojos me veo en un lugar desconocido, no era mi habitación, no era mi casa, era un lugar donde nunca había estado antes. Miro alrededor y me encuentro sola. Un rayo de sol hace el esfuerzo de entrar por una pequeña ventana de madera, cubierta con una cortina blanca de seda transparente.

Me encontraba allí, en una cama grande que prácticamente ocupaba todo el espacio de la habitación. No recuerdo el color de las paredes, creo que eran blancas. Frente a mí, una puerta de madera grande y fuerte estaba cerrada. Yo no sabía qué estaba pasando, imágenes venían a mi mente una y otra vez, imágenes muy fuertes de un sueño que acababa de tener. Pero que solo era eso, un sueño.

No paraba de preguntarme, ¿qué estoy haciendo en este lugar?, ¿por qué llegué aquí?, ¿quién me trajo?, ¿dónde está mi familia?, ¿qué pasó? Sentí que alguien caminaba afuera y no me atrevía a levantarme de aquella cama cubierta con una manta enorme y calientita. Tenía miedo.

Escuchaba voces de varias personas que dialogaban afuera de la habitación. Me levanto con mucho cuidado, miro por entre las rendijas de la puerta porque no me atrevía a abrirla, no sabía con lo que me iba a encontrar, porque todo me era desconocido.

Al mirar identifiqué a una señora, debía tener unos setenta años. Era delgada, bajita, tenía su cabello recogido con una cola en la parte de atrás, era blanco y me permitió calcular su edad. Allí sentí el primer alivio.

Me dije: ¡claro son los vecinos!, ¡son la familia Salgado! Los conocía bien, esta familia vivía cerca de mi casa en una esquina. Su casa era grande, de color blanco y verde, el portón separaba un largo corredor de un gran patio adornado por un jardín delicadamente cuidado, que tenía todos los colores del arco iris.

Mis hermanos y yo crecimos junto a esta familia, con la que compartimos nuestros primeros años de vida. Ellos, una familia tradicional, con sus cultos religiosos y su sentido inmenso de la caridad. La señora de la casa, no recuerdo su nombre, estaba vestida de negro, hablaba con otras personas, pero yo no alcanzaba a escuchar lo que decían.

. . .

Al mirarme encuentro que llevo puesta la misma ropa del día anterior, ¿pero por qué?, ¿dónde tengo mi pijama?, ¿por qué llevo la misma ropa que vestía ayer? Era una sudadera azul, muy confortable, que usaba con mucha frecuencia, normalmente para salir a realizar diligencias con mi madre por lo cómoda. La acompañaba de una camiseta blanca con rayas azules claras, me sentía como una marinera. Estaba sin zapatos, los tenis los tenía al lado de la cama, eran blancos con una pequeña línea morada. Mi mente me pregunta insistente, ¿por qué estoy aquí?

Al mirar mi ropa recordé lo que hice el día anterior. Era jueves, exactamente el 15 diciembre de 1988. Mi madre, llamada Ligia, era una mujer de cuarenta y cinco años y diez meses de edad, nacida en el campo, con profundo amor hacia las personas vulnerables, emprendedora como pocos, con amor enorme hacia sus cuatro hijos:

Ana Luz la hija mayor, para ese momento tenía diecinueve años, al mes siguiente cumpliría los veinte, era novicia de las Hermanas de la Presentación. Vivía en la capital de Antioquia, Medellín. Irma Leticia que tenía dieciséis años, había terminado su noveno grado de bachillerato. Mi hermano John Jairo de catorce años terminó su grado octavo, y yo de trece años, había culminado mi grado séptimo.

Esa mañana del jueves 15 de diciembre, como siempre, mi madre se levantó muy temprano a velar por los quehaceres de la casa, porque teníamos vacas, cerdos y una tienda por atender, eso sin contar que desde ese día empezaban a llegar al pueblo, las personas del campo a vender sus productos y a la vez abastecerse de alimentos; también estábamos en alistamiento para lo que sería ese fin de semana, que empezaba desde el viernes.

Era la época de diciembre y por supuesto mi madre aún debía comprar algunos obsequios. Yo no entendía bien por qué debía comprar regalos, si los regalos los traía el Niño Dios, por lo menos eso era lo que yo sabía hasta ese momento. Sí, ya sé lo que debes estar pensando, ¿cómo es posible que una adolescente no tenga claro que los regalos del Niño Dios son una creación del comercio?, pues no lo sabía y doy gracias porque fueron los regalos que más amé, al saber, para mí, su procedencia.

Mi madre me pidió que la acompañara a hacer algunas diligencias y por eso recuerdo que para mí lo más cómodo era usar la ropa que llevaba aquel día. Salimos más o menos a las 11:00 de la mañana de la casa. Mi madre acostumbraba a tomar de la tienda, una pequeña caja de gomas de mascar de marca «Chiclets Adams» sabor a menta, que estaban en un tarro de plástico transparente de tapa azul. De la cajita sacaba las dos pastillas, las llevaba a su boca y luego ubicaba la cajita en el dedo meñique de su mano izquierda. Era para ella una especie de ritual, jugaba con esta cajita todo el tiempo.

Nos fuimos caminando desde la casa hasta el parque central de Sonsón, un municipio ubicado a cuatro horas de la capital del departamento de Antioquia. Sonsón es un lugar impresionante, no solo por su entorno espectacular de naturaleza, sino también por su importancia histórica y su gente amable.

El municipio de Sonsón queda en la falda de una montaña en el sur oriente antioqueño. Conocido por ser uno de los pueblos patrimonio de Colombia. Yo lo describo como: «*un pueblo montañero del pasado, que quedó detenido en el tiempo*».

Todo el comercio giraba alrededor de la plaza principal. Recuerdo que ingresamos a un almacén y allí preguntó por varios artículos. Mi madre tenía una costumbre un poco incómoda para nosotros los hijos, y era que ella hacía bajar varias cajas con zapatos, miraba y miraba, y finalmente no se decidía por nada.

Al salir de aquel almacén recuerdo que dijo: «yo aquí no vuelvo ni a deshacer los pasos». Esta es una frase común en nuestra tierra paisa antioqueña, que simboliza que aun después de la muerte no se regresaría allí. Seguimos caminando y nos dirigimos hacia el domicilio de mi tía y madrina Marina, ella vivía en una casa grande de dos pisos, con escaleras en madera y habitaciones amplias.

La casa tenía madera por todos lados, en el piso, en el techo, en las paredes, en las puertas, las ventanas. Era una casa tradicional de nuestro querido pueblo. Allí nos ofrecieron comida de diciembre, porque ya era el preámbulo de la navidad.

Mi madre sentía un cariño especial por mi tía Marina; una mujer noble, buena, trabajadora y muy humana. Estuvimos poco tiempo y recuerdo muy bien que bajamos las escaleras con mucho cuidado, porque estaba el riesgo de resbalarse y caer. Esa imagen la tengo muy fija en mi mente.

Salimos de allí y nos dirigimos a la casa de mi tía Soledad, ubicada cerca del parque principal. Nos recibe una hermosa puerta tallada en madera de color verde claro, un corredor amplio nos separa del patio que está perfectamente adornado con flores. Mi madre dialoga por un momento con mi tía sobre un familiar que está enfermo, nos demoramos poco en aquel lugar y terminada aquella diligencia salimos de nuevo rumbo a nuestra casa.

Mi madre aún seguía jugando con la caja de la goma de mascar en el dedo, le daba vueltas y vueltas, no sé qué pensaba. Siento que era una forma para acallar sus pensamientos, porque sentía que tenía muchísimos, pero difícilmente los iba a compartir con una niña de trece años.

Mi madre era una mujer muy discreta, solo hablaba con mi hermana mayor Ana Luz, y poco recuerdo que se sentara a hablar con mis otros hermanos, inclusive no lo hacía tampoco con mi padre. Por eso para ella fue tan difícil asimilar que mi hermana mayor se fuera para el convento dos años atrás, porque aquella cómplice, protectora de secretos por muchos años, escucha permanente y leal, ya no estaba físicamente a su lado.

Llegamos a la casa a eso más o menos de las 4:00 de la tarde y mi madre se concentró inmediatamente en las labores de la tienda, preparando todo para el día de mercado que empezaba el día siguiente. Debía surtir, tener las alacenas llenas, debía verificar que tuviera todo lo necesario para atender las necesidades de las personas del campo que estarían llegando muy temprano el viernes.

Vuelvo al momento del principio del relato, porque escucho de nuevo voces fuera de la habitación. En ese momento mi mayor deseo era saber por qué estaba allí, pero ¿quién me iba a responder? ¿Y luego cómo le decía a mi mamá que había amanecido en otra parte?, yo no recuerdo que ella me hubiera dado permiso para hacerlo y por supuesto cada paso nuestro lo debíamos dar con su autorización.

Con mucho temor me arriesgué y abrí la puerta, porque afortunadamente la persona que estaba allí, la que había visto por el orificio, me era conocida. Por lo pesada de la madera, al abrirla se escuchó un gran ruido. Las personas que estaban allí reunidas en el patio se giraron hacia mí y sentí su mirada con dolor y lástima. Nadie se atrevía a decirme nada, solo me miraban.

Tengo que admitir en este relato que tengo muchas lagunas de lo que pasó aquella mañana, no recuerdo con mucha precisión y estoy haciendo mi máximo esfuerzo para recordar, así que excúsenme si en algunas partes de esta historia no van a encontrar una coherencia, porque ni yo misma la tengo y quiero ser absolutamente leal con los acontecimientos.

Recuerdo que me ofrecieron algo de comida, pero no el haberla recibido. Mi mente en ese momento no procesaba mucha información, solo quería llegar a casa, solo quería decirle a mamá que me excusara por haber amanecido en otro lado, no quería hacerla sufrir, no quería que se preocupara por mí.

Salí de aquella casa ubicada en el barrio «Tapete», lugar donde crecimos juntos, nos divertíamos en una calle sin pavimentar, donde los juegos de esquinas eran los tradicionales, donde las vecinas se apoyaban entre sí y hablaban entre una ventana y otra. Por un momento regresaban a mi mente imágenes de una pesadilla que acababa de tener, pero por fortuna ya estaba despierta.

Empiezo a caminar por aquella calle, que para ese entonces ya estaba pavimentada gracias al esfuerzo de mi madre y mi padre que fueron líderes en aquel sector. Ellos se ocuparon de hablar con el señor alcalde de turno, su nombre Juan Carlos Patiño, el primer alcalde elegido por voto popular en Sonsón, quien falleció durante la escritura de este libro (Paz en su tumba).

Mientras caminaba, sentía los ojos de las personas mirándome por entre los espacios de las ventanas, porque no se atrevían a abrirlas completamente. Sentía sus miradas de dolor, pero yo no entendía por qué. Ese camino se me hizo eterno y era solo una cuadra, aproximadamente cien metros.

Alcanzo a ver a lo lejos que entraba y salía gente de mi casa. «¡Qué extraño!» me dije, porque aún era temprano, debían ser más o menos las 6:00 de la mañana. Yo solo estaba preocupada, mi mamá me regañaría porque amanecí en otra casa.

No era normal que la puerta de mi casa estuviera abierta, porque a mi mamá no le gustaba que estuviera así y empiezo a preguntarme ¿será que algo pasó? Entro y encuentro una multitud de gente en silencio, solamente escuchaba personas orando y veía sus ropas oscuras. Seguía sin saber qué pasaba. Imágenes que no dejaban de venir a mi mente, imágenes de un sueño que acababa de terminar, la terrible pesadilla, la pesadilla más grande que había tenido en mi vida.

Alguien entre la multitud me dice, (no recuerdo su rostro), solo su voz de mujer: «Te tienes que arreglar porque tú mamá llega en un momento» y lo primero que se viene a mi mente es: ¿para dónde salió mi mamá tan temprano? Por supuesto nadie me respondía, porque nadie me escuchaba.

Preguntaba por mis tres hermanos y nadie me daba razón de ellos, no tenía idea de dónde estaban y me sentía, parte en la realidad y parte en un sueño. Para ese momento sé que debía arreglarme porque mi mamá estaba por llegar, así le escuché decir a la señora que me habló entre las personas.

Yo era una simple adolescente, por eso la gente me respondía algo así, simplemente me veían pasar y me miraban, pero nadie se atrevía a hablarme, seguramente yo no era importante para ellos. Empiezo a recorrer la casa repleta de gente y no sabía si aquellas imágenes hacían parte de la realidad o de un pedazo de sueño.

Nuestra casa era muy grande, ubicada en una esquina que bordeaba desde la calle hasta la carrera. Tenía dos pisos, en el segundo tenía varias habitaciones donde dormíamos mis padres, mis hermanos y yo, la sala y el comedor. En la parte de abajo, después de bajar diecinueve escalones, estaba la cocina, el patio, un gran corredor y el lugar donde cuidábamos las vacas y los cerdos. También había un minimercado. Allí era donde pasábamos la mayor parte del tiempo. Desde que tengo recuerdos, ese espacio era el centro de nuestra familia.

Mi madre fue una mujer luchadora como pocas, desde muy joven, creo que de unos veintitrés años, huyó de su casa porque su padre era un hombre muy agresivo con mi abuela y con sus hijos, incluida mi mamá. Ella, nacida en el campo, estudió algunos grados de primaria, porque para ese momento el mejor lugar para las mujeres era la cocina. Era una mujer de mente abierta sabía que para tener mejor calidad de vida debía salir de aquel lugar.

. . .

Llegó al pueblo con unas pocas cosas y se instaló en la casa de las Hermanas de San Rafael. Allí aprendió diferentes artes como coser, bordar y cocinar, que más adelante se convertirían en nuestro sustento. La familia de mi padre y de mi madre, se conocían porque los hermanos mayores de ambos se habían casado hacía un par de años.

No sé muy bien cómo fue la relación de mis padres porque no tuve quien me la narrara. Mis cuatro abuelos fallecieron hace algunos años y con ellos se fue parte de esta historia. Solo conservo una foto de su matrimonio, mi madre con el elegante abrigo gris y sombrero negro con una delicada malla negra que cubría su rostro. Mi padre siempre bien puesto, con un traje negro y su corbata con un nudo bien elaborado.

Observo esa foto con frecuencia porque es imposible dejar pasar por alto la mirada triste de mi madre. Era el día de su matrimonio, pero más parecía un funeral.

Esta es una de las pocas imágenes físicas que conservo de ella. No le agradaban las fotos, les huía y ahora los recuerdos que tengo solo están en mi mente.

Ella a pesar de mostrarse alegre, llevaba un profundo dolor en su interior, su mirada no mentía. Desde muy niña sufrió el maltrato de su padre (mi abuelo), presenciaba cómo él golpeaba a su madre (mi abuela), huyó de su casa, se casó tal vez por no tener a dónde ir, su hija mayor muere al nacer, su tercera hija fallece a los seis años en medio de una cirugía de corazón, su otra hija también es diagnosticada con una deficiencia cardíaca, otro hijo falleció al nacer, soportó de manera silenciosa maltrato de su esposo, su hija mayor, su confidente y apoyo se va al convento y su madre, mi abuela, había fallecido once meses antes de la fecha de la muerte de mi madre, ese, siento que fue uno de sus dolores más grandes.

Yo dormía la mayor parte del tiempo con ella. Tenía un espacio a su lado izquierdo y como quien marca su territorio, ese espacio estaba lleno de calcomanías del Chapulín Colorado, que venían en los dulces que tomaba de la tienda a escondidas de mi madre. Ese era el lugar donde me sentía más protegida.

Varias veces, en medio de la noche, la escuchaba llorar en silencio, yo no le decía nada, ¿qué podría decir una niña que curara su dolor? Yo hacía la que dormía para que ella se desahogara con confianza a través de sus lágrimas.

Debían ser como las 6:30 de la mañana de ese viernes 16 de diciembre. Una persona me toma el hombro por detrás y me dice: «¿vas a entrar a la tienda? Yo te acompaño». No recuerdo bien quién era esta persona, pero sí valoro lo que hizo, aunque para ese momento, yo solo me preguntaba por qué quería acompañarme.

· · ·

Crucé la puerta que separaba nuestra casa, de la tienda. Antes de llegar a ella había un cuarto grande donde se guardaban los productos para surtirla. Era normal encontrar bultos de panela, papa, maíz, arroz, azúcar, sal, gaseosa, en fin, todo aquello que permitía tener un stock para el minimercado. Tantas veces pasé por aquel lugar, un tanto oscuro, con piso de madera y un baño a medio funcionar.

Crucé ese lugar y sentía que cada paso me llevaba a otro donde no quería estar. Mi corazón se aceleraba al acércame a la tienda y no entendía por qué, pues eran tan natural recorrerlo; pero ese día había algo especial, me recorría un miedo por mi cuerpo y mis ojos simplemente empezaron a llorar.

Sigo teniendo recuerdos vagos de aquel momento. Traigo a mi mente imágenes que intento unir una a otra. Jamás antes había tocado el tema con tanto nivel de detalle de lo ocurrido. Lo hago más de treinta años después para honrar la memoria de mi madre, como una forma de retribuir todo lo que ella hizo por nosotros, de todas las privaciones que tuvo. La frase que más recuerdo de ella es: «*no me pidan nada ahora, cuando estudien podrán tener lo que necesiten, por ahora debemos ahorrar*». Y yo le replicaba: «pero mamá, después del bachillerato no sigue nada más, y ya casi lo terminamos». A lo cual ella desde esa sabiduría que da el mundo y no la academia respondía: «*yo creo que sí sigue algo más, no me preguntes qué es, pero sé que pueden seguir estudiando*».

· · ·

Mi pueblo, Sonsón, tenía muy pocas posibilidades de estudiar más allá del bachillerato. No había universidad, no había programas técnicos o tecnológicos, pero aun así mi madre, una mujer visionaria, estaba convencida de que el estudio lograría transformar nuestras vidas y las de quienes nos rodearan, por eso siempre se propuso que fuéramos los mejores en lo que estábamos haciendo, especialmente en el aspecto académico.

Estaba a punto de llegar a la tienda, veo las luces prendidas y a algunas personas. Las imágenes de la pesadilla que había tenido la noche anterior aparecían y se hacían más fuertes, mi corazón seguía latiendo muy fuerte, empiezo a unir algunos pedazos de imágenes, pero mi cerebro racional se negaba a darle forma, por eso no entendía lo que estaba pasando.

Ya en la tienda, con mi corazón acelerado y mis ojos llenos de lágrimas, veo algo rojo en el piso, ¿pero acaso era sangre? ¿De quién? ¿Por qué? ¿Qué había pasado? ¿Acaso alguien estaba herido? ¿Tal vez alguna riña la noche anterior? Hago mi mayor esfuerzo por recordar, porque las pocas personas que estaban allí guardaban silencio.

Mi pequeño cuerpo empieza a tomar fuerza para recordar, ¿acaso la pesadilla que había vivido la noche anterior era algo real...? Yo misma me respondía: «no, eso es imposible»... varias imágenes llegaron a mi mente, una tras otra.

. . .

Ya recuerdo, eran aproximadamente las 8:05 de la noche del día anterior, porque cinco minutos antes mi hermana Irma Leticia subió al segundo piso, a la sala, donde estaba el televisor grande para ver la telenovela de las 8:00 de la noche llamada «San Tropel», recordada por tener como centro de atención al padre Pío Quinto Quintero, párroco del municipio.

Nos quedamos en la tienda mi hermano John Jairo, Doralba (no recuerdo su apellido) la señora que nos acompañaba y mi madre. Cada noche en aquella época, cerrábamos la tienda a eso de las 7:30 de la noche y nos dirigíamos a visitar al tío Jaime que estaba delicado de salud. El tío permanecía en la casa de la tía Soledad que habíamos visitado horas antes. Por alguna extraña razón que aún hoy desconozco, mi madre aquella noche no quiso salir de la casa, simplemente nos dijo: «hoy me quedaré aquí».

Mi madre, una mujer amante del chocolate, estaba terminando su último sorbo, dejó su taza grande, blanca, de metal y se dirigió a la parte exterior de la tienda, allí había una banca de madera de más o menos dos metros de largo.

Antes de hacer esto, nos dijo que por favor llamáramos a la tía soledad y le informáramos que ese día no podía ir a visitar al tío Jaime. De alguna manera nosotros éramos privilegiados en el barrio, teníamos el único teléfono del sector; era verde oscuro, con un disco giratorio y huecos numerados del 0 al 9, al que mi madre le ponía candado para que no hiciéramos llamadas innecesarias.

Normalmente estaba cubierto con un tejido elaborado por mi abuela Ana Rosa, pues era un lujo tener un teléfono.

Llamé a la casa de mi tía soledad y le di el mensaje que mi madre le había enviado. En ese momento le comunico la llamada a Doralba quién habló un momento con la tía, mientras mi hermano y yo estábamos juntos, recostados sobre el mostrador.

Mi madre permanecía sentada en la parte exterior de la tienda, y tomé la decisión de acompañarla porque ya había terminado mi llamada con la tía. Fue allí, en ese instante, dónde sin imaginarlo, mi vida tomaría un rumbo diferente. Todo pasó en milésimas de segundos.

Un hombre, alto, moreno, de mirada fría, con su rostro cubierto por un pañuelo café, estaba parado frente a mi madre con un arma. Escuché tres o cuatro disparos, aún no lo tengo muy claro, solo sé que en ese momento mi mente se nubló y alcance a interpretar que todo se trataba de un juego o de una broma de algún vecino malintencionado del barrio.

Esta persona salió huyendo y mi hermano tuvo una reacción automática, salió corriendo detrás de aquel hombre. Doralba que estaba en la línea con mi tía, dejó el teléfono a medio colgar y salió corriendo hacia el segundo piso de la casa. Mi tía escuchó los disparos y simplemente se dijo: «es diciembre, están prendiendo pólvora en la casa».

· · ·

Mientras tanto yo me dirigí hacia donde estaba mi madre, segura de que se trataba de una simple broma, que ella quería seguir el juego. Estaba arrodillada y al ver la sangre correr, mi mente racional me decía: «¡no es un juego!». La tomé entre mis brazos, no tenía claro lo que quería hacer; simplemente quería tocarla. Sus últimas palabras fueron: «*ay negro*»; así le decía por cariño a mi hermano John Jairo. Posiblemente mi hermano se enterará a través de este libro de que las últimas palabras de mi madre fueron para él. Ella suspiro y murió.

De este capítulo tan importante en nuestra vida casi nunca hemos hablado, y por eso quiero que este libro se convierta en esa memoria para que nunca olvidemos, porque lo que pasó aquella noche del 15 de diciembre de 1988 marcaría el rumbo de nuestras vidas para siempre.

En ese momento yo estaba sola con mi madre. Dora había corrido al segundo piso y mi hermano había corrido a perseguir aquel hombre. Yo no sabía qué más hacer luego de ver morir a mi madre en mis brazos. Una parte de mi mente me decía que aquello era solo una broma o un sueño del que despertaría pronto, la otra parte de mi mente me decía: «*protégete que estás en peligro*». Le hice caso.

Corrí rápidamente a cerrar las puertas de la tienda. No sabía si eso era lo correcto, simplemente fue instinto de supervivencia. Eran dos puertas, una grande y una pequeña, las dos en madera. Primero cerré la puerta pequeña porque era más fácil para mí, luego me dirigí a cerrar la puerta grande pero mis manos temblorosas y mi cerebro nublado no me lo permitieron porque me debatía entre la ficción y la realidad. Guardaba la esperanza de que aquello fuera un juego, solo una broma.

Cuando estaba a punto de cerrar la segunda puerta de la tienda, varias personas vinieron hacia mí y me empujaron... a partir de ese momento mis recuerdos son muy vagos, como si se tratara de una película defectuosa y sin coherencia, solo recuerdo algunas partes.

Recuerdo verme en el segundo piso de mi casa, en la habitación de mis padres. Allí estaba el señor alcalde, alguien se acercó y me puso una inyección, para ese momento no recuerdo más. El siguiente recuerdo que tengo es despertar en otra casa sin saber cómo había llegado allí y por qué estaba en ese lugar.

Te debes estar preguntando ¿si este es un libro dedicado a profundizar sobre el éxito y cómo alcanzarlo, por qué hasta aquí hemos visto un relato sobre cómo la vida nos cambia en un segundo? Yo te respondo: este es el marco desde donde te hablaré acerca de lo que para mí, hoy significa el éxito.

Ahora que he tenido la oportunidad de dedicarme más a mí, a reconocer lo que he hecho en mi vida, debo decirte que mi primer momento de éxito lo defino desde la existencia misma. He quedado viva para contar lo que ocurrió aquella noche, han dejado la semilla.

¿Qué tiene que ver lograr el éxito con vivir tu vida? Todo, absolutamente todo, pero te debo aclarar que no es cualquier tipo de vida, es ante todo vivir tu vida con intención.

Debo hacer esta precisión porque tal vez estarás de acuerdo conmigo, en que muchos vivimos sin darnos cuenta de qué es lo que realmente queremos, sin saber cuál es nuestro objetivo superior en la vida, tratando de ser felices sin lograrlo y sobre todo sin disfrutar el presente, pensando que pronto mejorará y tal vez, algún día podamos hacer lo que realmente queremos.

Que equivocados estamos. Así viví por muchos años, en esa carrera «loca» impulsada por lo que la cultura determina como el éxito, sin darme cuenta de que *el solo hecho de nacer y de vivir con propósito, ya es nuestro primer triunfo en la vida, es nuestro primer momento de éxito: la Existencia.*

2

SIN RESENTIMIENTOS

Gracias por haber llegado hasta acá, por haber hecho lectura completa de lo que fueron las últimas veinticuatro horas de vida de mi madre en su cuerpo material. Ahora quiero hablarte de algo muy importante, lo que pasó después de ese momento, cómo los hijos de esta valiente madre logramos superar aquella situación difícil, con dolor, pero sin resentimiento.

De alguna manera nos acostumbramos a transitar por la vida y a recorrer este camino cargando cosas que nos agobian, por ejemplo, los resentimientos, la culpa, las preocupaciones, las dudas, los dolores y la rabia. Cada uno de nosotros permitimos que estas cosas entren y se instalen tomando el espacio de las cosas buenas.

Pensemos en nuestra vida como un vaso, ha sido creada para vivir con alegría, con satisfacción, con felicidad, con paz, con armonía, con creatividad; pero si dejamos que entren el odio y el rencor, la paz debe salir porque no hay espacio para las dos, ¿por qué? porque tu vida, así como un vaso en nuestro interior, tiene un espacio limitado.

La razón por la que quizá tú o muchas personas que nos rodean no disfrutan su vida, es porque su interior está contaminado de muchas cosas. Hagamos un ejercicio sencillo, pensemos en un vaso transparente que tiene una capacidad limitada, vamos a pensar en el vaso en términos de porcentajes de capacidad para llenarlo hasta el 100%.

¿Qué porcentaje de tu vaso está lleno con el resentimiento, la rabia, la ira, la amargura, la queja, la culpa, la envidia, la preocupación? Piensa en esto cada vez que te cuestiones ¿por qué tu vida no puede ser amable, feliz, creativa? La respuesta es muy sencilla, dejamos muy poco espacio en nuestro interior para lo más importante.

La buena noticia en todo esto es que tú tienes el poder de controlar lo que vas a poner en tu vaso. Tú puedes escoger qué quieres que entre y con qué quieres llenarlo, a esto se le llama elección y solo tú tienes el poder. Por esta razón te invito a seleccionar lo que deseas que entre y permanezca en ti.

Luego de la muerte de nuestra madre, recuerdo verme sentada en un sofá amarillo que estaba en una habitación de la casa, —mis hermanos al leer este libro se darán cuenta de inmediato de qué lugar era—. Mi mente estaba en blanco, para ese momento no tenía ni pasado, ni presente y menos futuro.

El sentimiento más recurrente era el del miedo, no quería estar sola un solo momento. Hago un alto en esta parte para agradecer a mi prima Silvia por estar conmigo tantas horas del día, incluso al bañarme, ella debía estar de centinela en la puerta, yo no era capaz de asearme con los ojos cerrados, porque inmediatamente venían las imágenes de dolor a mi mente. Debía saber que mi prima estaba conmigo porque la veía sentada fuera a través de una pequeña rendija de la puerta en la parte inferior.

Sí, con un acontecimiento así muchas cosas cambian, incluidos la fuerza de los afectos por quienes nos acompañan en esos momentos. Las noches eran extrañas, porque, aunque para el momento en que mi madre falleció yo tenía trece años, aún dormía con ella. Fue una relación muy cercana en todo sentido. Al verme y sentirme sola en aquella cama y sin poder cerrar mis ojos, las noches eran eternas. Muchos sentimientos me invadían, pero a lo único que no le di cabida fue al odio o al resentimiento.

El tomar la decisión de no albergar estos sentimientos ocurrió de manera natural. Nunca nos llevaron a terapia o recibimos otro tipo de ayuda que nos indicara que esos sentimientos no eran convenientes para nuestra vida, simplemente fue natural, seguramente soportado en los principios y valores inculcados. Hoy te puedo decir que ha sido una de las mejores decisiones de mi vida, cargar con mi equipaje, liviano.

Aquella persona que disparó contra la humanidad de mi madre y cuya mirada quedó fijamente grabada en mí, jamás fue condenada por la justicia de la tierra. Como mujer creyente sé que hay otro tipo de justicia, y sé que frente a ella debe quitarse el pañuelo café con el que cubría su rostro y darle la cara. Porque Dios todo lo perdona, las personas perdonamos algunas cosas, pero la vida, ¡ah la vida!, esa no perdona nada.

Pasaron algunas semanas y debimos acudir al llamado de la Fiscalía de Sonsón Antioquia, la entidad estatal encargada de la investigación, para rendir indagación por aquel cruel asesinato que conmovió a toda una región. Usaba mis mejores ropas, por supuesto blanco o negro en señal del duelo que cargaba. Al llegar a las oficinas ubicadas en la alcaldía del pueblo, y subir las escalas anchas hasta el segundo piso, solo pensaba en lo mal que lo pasaría al recordar de nuevo aquellas escenas con todo lujo de detalle.

Esperaba en la sala en tanto nos hacían pasar. Mis ojos solo veían carpetas de color café con documentos desordenados, tiradas por todos lados, en una pequeña habitación oscura y nada, nada agradable. Una señora tomó atenta nota con su máquina de escribir y mi mente se distrajo por un momento de las preguntas del investigador para decirme: «*ique habilidad tiene esta señora para escribir!».* Seguro que mi mente quería evadir el recordar de nuevo lo vivido aquella noche de diciembre.

Así recuerdo tres o cuatro audiencias y nunca se juzgó a nadie por este crimen. Seguro el expediente de mi madre, como muchos más, también reposa en aquellas carpetas curtidas por los años.

Este capítulo lo llamé «Sin resentimientos» porque, si yo logré perdonar algo que marca definitivamente tu vida, tú también tienes la valentía para hacerlo, solo es necesario tomar la decisión.

Hace un momento te hablaba de tu vida como un vaso. Cada mañana al despertar tenemos la oportunidad de llenar ese vaso, para eso debes deshacerte de lo negativo del día anterior y poder darle lugar a todo lo que el universo tiene preparado para ti.

Por ejemplo, si tuviste una discusión el día anterior con tu pareja, es fácil andar por la vida cargando ese sentimiento de victimización y de pesar. Lo que debes hacer es hacerte consciente y decirte a ti mismo: *«no doy espacio para que este sentimiento permanezca en mi»,* y con esto no te quiero decir que no experimentes alguna sensación o incomodidad cuando tengas circunstancias desafiantes en la vida, a lo que te quiero invitar es a que esos sentimientos, que son el resultado de las emociones, no permanezcan en ti, y esto es única y exclusivamente decisión tuya.

No te aferres a esa ofensa, a la otra persona, eso jamás la va a lastimar. El único ser que se lastimará serás tú mismo. Y por eso no vas a dejar espacio para las cosas buenas que te acercarán a ese proyecto de vida hermoso que tienes en mente.

¿Qué te parece si hoy haces un inventario de aquello a lo que le estás dando espacio en tu interior? La vida es muy corta para dedicarnos gran parte de ella a aquello que nos oprime. Si alguien te hizo daño, podrías dejar de aferrarte a esa amargura, ¿por qué no simplemente perdonarlo y dejar ir ese sentimiento? Además de perdonarlo estás permitiendo un espacio sagrado y valioso para que entre otros momentos hermosos de tu vida y permanezcan en ti.

El estar odiando, estresado, amargado, con envidia y viviendo de la compasión, envenena tu vida, lo cual con el tiempo te quita tu vitalidad, y no hablo solo de tu parte física, hablo de tu parte emocional. ¿Sabías que estar estresado, con odio, envidia, culpa, arrepentimiento, autocompasión, acorta nuestra vida?

Los psicólogos hablamos de un concepto que posiblemente te sea familiar: hacer catarsis. Se trata de un proceso en el que nuestras emociones se muestran de la manera más pura, normalmente llega cuando el malestar es muy intenso.

. . .

Precisamente, al ser una expresión intensa de la emoción, a muchas personas les puede resultar perturbadora e, incluso, pueden llegar a pensar que la catarsis es dañina. Nunca es así, ya que cumple con una función liberadora y a la vez sanadora.

La catarsis nos permite conocer y expresar lo que sentimos, llevándonos más allá de la racionalización de las situaciones adversas que estamos viviendo. Es decir, dejamos de reprimir y expresamos todo el cúmulo emocional que guardamos en nuestro interior. Por eso decimos que la catarsis es un proceso liberador, que te va a permitir espacio para aquellas otras emociones constructivas.

Yo creo en un Ser Superior, sea cual sea el nombre que tú le quieras dar, y estoy segura de que él no nos creó para cargar el odio, la culpa, la duda, el resentimiento, la amargura o el enojo. Y la clave de todo esto está en dos palabras: «*no aferrarnos*».

Tú y yo cada día tenemos situaciones desafiantes que debemos mirar de frente, la clave está en no permitir que el sentimiento producto de esas emociones permanezca y se instale en nuestro interior como un mal inquilino. Quizá no puedas impedir que lleguen esos momentos desafiantes a nuestra vida, pero sí podemos impedir que permanezcan.

. . .

Es fácil vivir con remordimientos, pensando que lo pudiste haber hecho diferente, tal vez te repitas «*debí haber elegido una persona diferente como compañero de vida*», «*debí haber educado mejor a mis hijos*», «*debí haber hecho algo diferente en mi trabajo*», «*debí haber estudiado otra carrera*», o como en el capítulo anterior donde te narro las últimas veinticuatro horas de vida de mi madre, pude repetirme «*¿por qué mi madre estaba en ese lugar? Si tan solo no hubiese estado sentada allí, nada de eso hubiera pasado*». Eso por mucho tiempo me lo reproché, pero luego del tiempo lo acepté, porque simplemente así tenía que ser.

Hoy te digo por experiencia propia: no pases por tu vida viéndola con tu espejo retrovisor, lo que hay hoy en tu vida es lo que es, no sientas culpa, no te sientas menos, no sientas remordimiento, porque hoy te lo digo con certeza, nada puedes hacer para cambiar tu pasado; en cambio, sí puedes hacer mucho por tu presente y esto determinará en gran parte tu futuro.

Estar en contra de ti mismo no va a arreglar nada, no va a solucionar nada, en cambio sí lo va a arruinar. Si el Ser Supremo, como tú desees nombrarlo, ya te perdonó, ¿por qué no te perdonas tú mismo?, ¿por qué no vacías tu culpa?

Cuando alguien nos hace daño, la naturaleza humana quiere aferrarse a ese momento, a las emociones que le generó, como la rabia, la ira, el dolor. Andamos por la vida cargando un rencor y nos repetimos permanentemente: «*no lo voy a perdonar, no se lo merece*».

• • •

Lo que debes saber es que tú no perdonas por el bien de ellos, perdonas por tu propio bien. Cuando no perdonas estás envenenando tu futuro. Mientras te aferres a la herida, eso no los afecta a ellos, te afecta a ti.

Muchas veces para no perdonar hacemos el siguiente raciocinio: «*es que el otro tiene la culpa, el otro obró mal*». Quiero que sepas que cuando tú estás disculpando o excusando la conducta del otro, no estás validando su comportamiento, no estás disminuyendo la ofensa, lo que haces es sacar el veneno que hay en ti. Esta frase me gusta mucho:

 «El odio es como una copa de veneno, que te la bebes y esperas que el otro muera».

Resume a la perfección lo que te escribo en este capítulo.

Mi padre, mis hermanos y yo tuvimos la valentía de perdonar a los autores intelectuales y materiales del asesinato de mi madre, y no lo hicimos por ellos, con eso no aceptamos lo que hicieron, con eso permitimos que nuestros corazones estuvieran libres de rencor para poder continuar con una carga más liviana.

Tú tienes que perdonar para que seas libre. Por eso no puedes verlo como un favor que le estás haciendo al otro cuando lo perdonas, este es un gran favor que te estás haciendo a ti mismo.

Desafortunadamente estamos gastando mucha energía emocional conservando el odio y el rencor. Te despiertas cada mañana pensando en el daño que te hicieron. Tal vez no te das cuenta, pero estás malgastando tu energía emocional, aquella que necesitas para tus sueños, para tus metas y para tu propósito de vida.

Como lo leíste en el capítulo anterior, yo tenía trece años cuando mi madre fue asesinada y muere en mis brazos. Para ese momento yo no entendía mucho de etapas de duelo, de tratamientos psicológicos o ayuda profesional, lo que sí te puedo decir es que no me pasó por la mente ni por el corazón, guardar rencor contra aquellas personas que cambiaron no solamente mi vida, sino la de mi familia.

El perdón se dio de manera natural. De no haberlo hecho así, posiblemente no hubiéramos avanzado como lo hicimos hasta el día de hoy. Me siento profundamente orgullosa de mi padre y mis hermanos por haber tomado esta decisión voluntaria de no conservar rencor en su corazón.

Sabemos que del dolor surge el propósito. Si me preguntas *¿cómo estoy?* te diré: «*uno nunca se sobrepone, pero puedo superarlo*». Y con esto te digo, sí, es difícil, sí, hay temporadas duras, pero no tengo que quedarme allí, no tengo que quedarme sumergida en el dolor y la depresión, y nuestra familia es un claro ejemplo de ello.

Sobre el perdón dijo San Francisco de Asís: «*donde*

haya odio, ponga yo amor; donde haya ofensa, ponga yo perdón», y me preguntaban ¿cómo puedes poner perdón en presencia del daño que les causaron? Debemos querer a quienes nos han generado dolor, un proverbio chino dice: *«si vas a buscar venganza, más te vale cavar dos tumbas porque una de ellas es para ti».*

3

ENCUENTRA TU PROPÓSITO

Una de las preguntas que más me hacen es ¿cómo puedo encontrar mi propósito? Parecería que me preguntaran sobre cómo encontrar un gran tesoro lleno de claves y acertijos, al que solo unos pocos llegan. La respuesta es básica, llegamos desnudos y así mismo nos vamos, lo único que puedes hacer con tu vida es regalarla.

No hay secretos o fórmulas mágicas para encontrar tu propósito. Digo encontrar porque es algo que siempre ha estado en ti, lo llevas contigo, se levanta contigo, se acuesta contigo, pero tú no lo has querido ver.

Mi propósito es servir a otros —esto lo desarrollaré con más detalle en capítulos siguientes—. Hace algunos años quité el foco de atención sobre mí misma y ahora me dedico a diseñar y construir para hacer felices a los demás. Escribo este libro como parte de mi propósito para inspirar, porque no quiero morir con la escultura dentro de mí. Cuando llegues al final de este texto comprenderás cuando me refiero a la escultura dentro de ti.

Si aún no has encontrado tu propósito, te animo a hacerlo, está más cerca de ti de lo que imaginas. Siempre ha estado contigo, pero el temor, el miedo y el ego, lo han tenido acorralado en una especie de secuestro para que no llegues a él, y por lo tanto siga reinando en tu vida aquello que la cultura te invita a hacer cómo lo correcto o lo indicado.

¿Para qué contradecir a la cultura o a la mayoría?, ¿para qué caminar en dirección contraria?, es mejor que otros piensen y decidan por mí; eso es lo que inconscientemente te dices porque sientes temor a lo nuevo, a lo desconocido, así que si no das ese paso en este momento, seguirás siendo solo un pedazo de mármol con la escultura dentro de ti.

¿Qué es lo que te mueve en la vida? ¿Es el cuidado por tu aspecto físico?, ¿el deseo enfermizo de triunfo?, ¿la necesidad de agradar a otros?, ¿o es el servicio?, ese darse a los demás de manera desinteresada.

Por experiencia propia te digo que, al buscar solo tus propios intereses no los vas a alcanzar. Esa fue la esencia de la creación de la comunidad Happynar. Con mi recorrido laboral y académico pude perfectamente dedicarme a ejercer mi profesión de manera individual, pero hice todo lo contrario, soñé con reunir muchos expertos para crear y transformar juntos, esa es la esencia de lo que hacemos y a través de esta comunidad cumplo cada día con mi propósito de vida. Ya no persigo el éxito, ahora el éxito me persigue a mí.

4

HAZ DEL SILENCIO TU AMIGO

La cultura privilegia el ruido sobre el silencio. Estamos llenos de mensajes que llegan de todos lados, no hay un único estudio que indique cuántos mensajes recibimos en un día, sin embargo, la tesis que más fuerza tiene es aquella que advierte que en un día recibimos entre tres mil y cinco mil mensajes publicitarios —aclaro que solo publicitarios—, desde que nos levantamos, esto sin contar los pensamientos que generamos cada día.

De esta manera vivimos llenos de continua información interna y externa que difícilmente nos permiten espacios de silencio.

No crecí en un hogar que diera importancia a ejercicios como la meditación, el yoga o el mindfulness y otros ejercicios que nos permitan estar presentes aquí y ahora. Probablemente te debes estar diciendo lo mismo, y es que gran parte de lo que somos hoy es gracias a los estilos de crianza, lo cual jamás debe verse como excusa para justificar nuestra situación presente, porque hemos tenido en nuestras manos la posibilidad de cambiar.

Ahora que ya sabes por qué puede ser complejo para ti hacer del silencio tu amigo, te invito a no buscar excusas y dar el paso. La Madre Teresa describió el silencio en relación con Dios diciendo:

> *«Dios es amigo del silencio, observa cómo crecen los árboles, las estrellas, la luna y el sol. Todo en el universo se mueve en silencio para poder tocar las almas y tu alma está incluida».*

Tus pensamientos y tus palabras emergen del silencio. Toda la creación nace desde él y así mismo tu redescubrimiento interior proviene del silencio. De esta forma te sentirás más cerca del universo.

> *«La única voz de Dios es el silencio»,* decía Herman Melville (Novelista y Poeta).

II

EXIGENCIA

5

EXIGENCIA: MI PASO POR LA ACADEMIA

Luego del fallecimiento de mi madre, es normal como parte del duelo, sentir culpa. Mi mente repetía insistentemente: «si *tal vez mi madre no hubiese estado en ese lugar», «si tal vez yo hubiese corrido a protegerla», «sí tal vez yo hubiese cerrado el local antes», «¿por qué ella y no yo?*». Transformé mi duelo en exigencia conmigo misma, siento que esa fue una manera de honrar la memoria de mi madre, particularmente la exigencia académica.

Corría el año de 1989, era la tercera semana del mes de enero y regresaba a mi colegio luego del fallecimiento de mi madre cuatro semanas antes. Mi colegio se llamaba en mi época: «*Instituto Técnico Agrícola y Promoción Social*», en este momento recibe el nombre de «*Institución Educativa Técnico Agropecuario y en Salud*», está ubicado en el Municipio de Sonsón (Antioquia – Colombia)

. . .

Este colegio campestre tiene una arquitectura bellísima que sobresale de los demás centros educativos que conozco. Al recorrer su historia me doy cuenta de que aquel lugar donde hoy hay estudiantes, maestros, salones de clase, tableros, espacios académicos y deportivos de exquisitos acabados, fue construido para albergar el Seminario Menor llamado San Alberto Magno.

Fundado tras la creación de la Diócesis de Sonsón en 1957 por monseñor Alberto Uribe Urdaneta, primer obispo. Los planos del seminario, junto con los del Palacio Episcopal, fueron encomendados al arquitecto nacido en Medellín, Nel Rodríguez Hauesler. A finales de la década de 1960 el seminario diocesano fue trasladado a Marinilla y este espacio fue cedido para la formación académica.

En 1974 es creado el Instituto Nacional de Promoción Social y en 1979 se traslada a esta sede que dejó el seminario. Gracias a esto, miles de estudiantes hemos disfrutado nuestro aprendizaje en un lugar de amplios espacios y arquitectura con un toque religioso.

Al estar nuestro colegio ubicado a las afueras del municipio, contábamos con el servicio de transporte escolar. Lo recuerdo bastante bien, se trataba de dos buses de color verde oscuro, con líneas blancas haciendo alusión a los símbolos institucionales. Tenía cuatro puntos de acopio de estudiantes, yo me ubicaba normalmente en el punto de la plaza principal.

. . .

Para llegar hasta allí desde mi casa, debía recorrer aproximadamente un kilómetro. El señor conductor de nombre Roberto, de unos cuarenta y cinco años, piel trigueña y ojos expresivos, siempre nos recibía con una sonrisa en su rostro. Nosotros debidamente filados, subíamos presurosos y nos ubicamos en las sillas tapizadas con un material que simulaba el cuero color café claro.

Cada acción condicionaba nuestra estricta educación, liderada en ese momento por las Hermanas de la Presentación, quienes estaban al frente de la dirección de aquella institución educativa.

Al llegar al colegio, aproximadamente quince kilómetros luego de nuestro punto de acopio, nos recibía una capilla pequeña y muy acogedora. Tenía unas veinte butacas de Iglesia, un hermoso sagrario, imágenes religiosas en vidrio exquisitamente diseñado, y lámparas que invitaban a entrar y a quedarnos. Una vez que descendíamos del bus, entraba a este lugar a poner en manos de Dios y la Virgen el día académico que se iniciaba.

Aquel día era especial, enero de 1989, pues el dolor por la pérdida de mi madre estaba aún en la piel. Esperaba encontrarme con mis compañeros y profesores para responder una vez más a la pregunta que con tanta frecuencia me hacían: *¿cuéntame cómo pasó todo?* ¿Acaso no se daban cuenta de que lo menos que quería era recordar aquel doloroso momento? Pero a la vez entendía que lo hacían por una especie de solidaridad, extraña forma de demostrarlo, prefiero pensar que era así.

Al ser el primer día de clases, lo usual era reunirnos en el espacio destinado para los encuentros colectivos, que a su vez era utilizado como lugar de las obras artísticas y los homenajes, no era un espacio tan grande como para darles cabida a todos los estudiantes y maestros, pero de alguna forma nos las arreglábamos para estar dentro.

Recuerdo que en la parte de atrás de aquel lugar había unas escaleras tipo coliseo, hechas en cemento, de color gris. Por alguna razón que hoy no recuerdo, ese primer día quise sentarme allí y no en las sillas de la primera fila como era mi costumbre hacerlo.

Empezaron a llegar mis compañeros de curso y en solidaridad conmigo guardaron silencio, solo un compañero de otro grado, de aquellos que tenían permanentes llamados por su mal comportamiento, se sentó al lado y como era costumbre empezó a hacer bromas. Una de mis compañeras le habló del fallecimiento de mi madre y en un gesto poco usual para los jóvenes de esa edad, me dio la mano y al soltarla tuvo un gesto que quedó grabado en mi mente y aún hoy más de treinta años después no puedo olvidar.

Se limpia su mano y en ese momento me siento sucia y regresan los terribles sentimientos de culpa que procuré callar con mi gran desempeño académico.

. . .

El bullying ha existido desde siempre, solo que ha mutado a formas tal vez más tecnificadas en este momento, y al generar muchas situaciones de incomodidad física y psicológica, las callamos.

Nunca hablé de este incidente, me daba pena compartirlo con alguien, siento que este es el momento, porque este libro se ha convertido en una catarsis para mí y desahogo muchos momentos que viví en silencio.

Mi aprendizaje de este aparentemente insignificante suceso: las personas hacen algo, pero seré yo quien decida cómo me quiero sentir. Por alguna razón yo permití que este hecho fuera recordado con frecuencia por mí.

Hay que darles confianza a las personas para que se expresen y así no les pase lo mío, que dejé de recordar hermosas situaciones por darle cabida a este incidente que aún recuerdo con total claridad y del cual permití una afectación a mi autoestima.

Sin tener el acompañamiento directo de una persona que me estuviese recordando la importancia de la responsabilidad académica, yo me convertí en mi mejor compañía y consejera. Sentía que al ser una «buena estudiante» honraba la memoria de mi madre y acallaba aquellas voces de culpa que aún resonaban en mi mente.

. . .

Valido desde mi temprana etapa académica lo que dijo Jim Rohn, empresario estadounidense:

 «*Somos el resultado de las cinco personas con las que más interactuamos*»

En el sentido de que estamos adquiriendo pensamientos, estilos de vida, reacciones, visiones, acciones y todo lo que estas personas transmiten, heredan e intercambian contigo, que también formas parte activa de dicho promedio.

Desde muy niña académicamente me rodeé de los mejores de la clase, y como no podía ser de otra manera yo también era una de ellas, pero sin duda esta exigencia de ser la número uno, se incrementó luego del fallecimiento de mi madre, situación sobre la cual no era consciente en aquel momento, lo descubrí luego en mi formación como psicóloga.

En el duelo, el sentimiento de culpa viene acompañado de angustia, irritabilidad y tristeza. La autoimagen de la persona se resiente, por eso me afectó tanto el caso que te narré antes, además el pensamiento está ocupado principalmente por los hechos concretos por los que nos culpabilizamos.

. . .

A medida que se desarrolla el proceso de aceptación y asimilación de la pérdida, se va disipando la sensación de culpa y regresamos a hacer cosas que se habían dejado de lado tras el fallecimiento del ser querido, incluido el sentimiento de culpa por seguir viviendo. Esto ocurre cuando se va asimilando la aceptación de la realidad de la muerte.

En mi caso ese sentimiento de culpa se transformó en una exigencia académica desbordada. Me volví competitiva, siempre queriendo superar el rendimiento de los otros, porque sentía que al hacerlo se silenciaban mis voces internas de culpa. Por supuesto esta exigencia desmesurada me generó estrés y ansiedad.

Yo buscaba permanentemente la perfección. No conseguirla me creaba insatisfacción, esta emoción tóxica que llevaba, a la vez me conducía a la infelicidad. Me volví susceptible y sensible a las críticas y tampoco soportaba que alguien me dijera cómo hacer las cosas.

Un alto nivel de autoexigencia produce estrés, porque está asociado a las elevadas expectativas con respecto a la imagen que deseamos proyectar y que creemos que los demás tienen de nosotros mismos. Por supuesto a todos nos gusta que las cosas salgan bien. Pero también somos conscientes de que algunos de nuestros planes no siempre terminan tal y como lo habíamos ideado.

. . .

Te comparto una pequeña parte de mi vida sobre cómo era mi nivel de exigencia. Cada cuatro meses se daba la entrega de reportes académicos en mi colegio por parte de los docentes a los padres de familia o acudientes. Solo se eximía de este compromiso a los estudiantes que ocupaban el primer puesto en su salón de clases.

Me esforzaba por ocupar siempre el primer puesto para que mi padre no tuviera que desplazarse hasta mi colegio. Era consciente de que él debía atender la tienda que con tanto esmero construyeron como nuestro patrimonio más valioso, de lo cual hoy ya no queda nada.

En el mes de noviembre del año 1992 fue mi ceremonia de graduación. Me sentí muy honrada porque mi colegio me dio un reconocimiento. Mi placa decía esto:

«Por vivenciar el lema del Instituto: Ciencia, Fraternidad y Trabajo».

Fue uno de los momentos más bellos, aun así, sentía que faltaba la presencia física de alguien en aquel lugar, la de mi madre. Ese reconocimiento era por y para ella.

No tenía la expectativa de seguir con mi proceso de formación. En el pueblo donde vivía en aquel entonces, el máximo nivel era culminar el bachillerato, por eso, aunque mi madre quería que siguiéramos más allá, sentía que ya no la podía complacer, seguro la decepcionaría.

. . .

Pero no fue así, por mi buen rendimiento académico me presenté a la universidad pública más importante de mi región, la cual destinaba el 10% de los cupos a los mejores bachilleres. Ese fue el camino que seguí, me presenté a la carrera de Psicología por dos razones: la especialidad vocacional de mi colegio que era Promoción Social y por mi deseo de ayudar a otros que hubiesen pasado por una situación similar a la mía con la pérdida de mi madre.

Conservé el mismo nivel de exigencia de mi colegio, durante mi época de universidad, donde solo pagaba tres dólares por semestre, gracias a mi rendimiento académico. Este es un capítulo de mi vida que tiene tantos detalles que daría para escribir otro libro.

Este pequeño texto lo hago como homenaje a los directivos académicos, mis maestros, el personal de apoyo, mis amigos y compañeros que recorrieron conmigo un día este camino. Ustedes son mis héroes silenciosos, que llevan por capa un libro y como arma un lápiz. Gracias.

Abordé en este texto parte de mis experiencias de vida académica, porque lo vivido desde este nivel de autoexigencia desbordado, terminó afectando mi integridad física y emocional. Hoy sé que lo hice como una forma de expiar la culpa por la muerte de mi madre, por la cual, en mi inconsciente, sentía malestar.

. . .

Te dejo este mensaje: la culpa no nos conduce a nada saludable, nadie necesita nuestros sacrificios, nuestro dolor o nuestro esfuerzo más allá de nuestros límites. Por lo tanto, ser una persona exigente no tiene por qué convertirse en algo negativo para ti, si sabemos poner límites.

La exigencia, como lo viste en una parte de mi historia, nos ayuda a alcanzar metas y conseguir retos, pero hay quienes convierten la conquista de la perfección en una meta obsesiva, que les genera malestar e insatisfacción continua.

Debemos ser conscientes de que, aunque pongamos todo nuestro empeño en hacer las cosas bien, no siempre obtendremos los resultados esperados. **Yo le llamo exigencia sin dolor.**

6

SIN MIEDO AL FRACASO

Ver el fracaso con la etiqueta de negativo es lo que la sociedad nos ha vendido, pero en realidad el fracaso no existe si lo vemos desde el resultado que de él obtenemos. Si generaste aprendizaje a partir de estas experiencias no has fracasado. Lo importante es lo que haces con ese resultado, te sientes que eres un fracasado o lo vuelves a intentar.

La etiqueta del fracaso está mediada por la cultura, es solo un juicio que se alimenta y crece gracias a tus miedos, ¿sabes cómo lo puedes superar?, amándote y amando. En tu cuerpo solo habrá lugar para el miedo o el amor, ¿cuál de los dos quieres alimentar? *«El miedo tocó a mi puerta, el amor abrió y no había nadie»,* dice un proverbio para referirse que solo uno de los dos puede existir.

Aquí recuerdo un acertijo de la reconocida película «La vida es bella», dirigida y protagonizada por el gran Roberto

Benigni, quien interpreta en la cinta a un judío italiano que junto con su hijo, caen en manos de los nazis, y entonces comienza un juego para proteger a su pequeño hijo.

Durante la trama, el protagonista y el doctor Lessing se lanzan acertijos. Uno de ellos tiene mucha relación con el tema del desarrollo, dice así: «*Si pronuncias mi nombre desaparezco*», es decir, solo existe espacio para el uno o el otro, lo mismo ocurre con el amor y el miedo, ambos crecen según el alimento que les des. A propósito del acertijo la solución es «el silencio».

7

¿POR QUÉ SE NOS DIFICULTA CAMBIAR?

E sta es una pregunta que mínimo nos ha rondado una vez en la vida. Es posible que en el fondo no quieras los cambios que deseas, por eso te resistes a ellos y será una posición cómoda. Los psicólogos lo llamamos el principio de *«La economía cognitiva»*, se trata de una propensión natural a procesar del modo más económico posible la información que recibimos.

Para hacerte comprensible este principio, observa que normalmente te acuestas hacia el mismo lado de la cama, conduces por la misma ruta hacia tu trabajo, te bañas en el mismo orden, esto ocurre porque el cerebro tiene sistemas específicos para ejecutar tareas cotidianas, de ese modo no tiene que recordar cada una de las acciones a desarrollar, una vez que se aprenden, se consolidan y se producen sin pensar.

· · ·

Digámoslo así: que no tenemos que pensar en la tarea. Por ejemplo, no tenemos qué pensar cómo caminar, pues el reflejo vestíbulo ocular tiene toda esa información para no molestar al resto del sistema nervioso central, que está ocupado con otras miles de cosas.

Esto sin duda es un logro evolutivo muy significativo, pues economizamos tiempo y esfuerzo, sin embargo, limita a la adquisición de nuevos conocimientos, lo que es más complejo para el tema que nos ocupa, cambiar aquellos pensamientos que se conviertan en acciones. Te comparto esta teoría porque deseo que conozcas lo que pasa en tu cerebro y por qué hacer cambios en nuestra vida suele resultar un poco complejo.

Te hablaré de algunos elementos que te ayudarán a hacer más fácil estos cambios:

- a. Que la base de tu cambio sea la motivación, nunca lo hagas por complacer a otros.
- b. Que los ejercicios sean de poca duración, como meditar y caminar durante treinta o cuarenta minutos al día.
- c. Que sea divertido para ti. Esto significa que lo disfrutes y que permanentemente sientas que es parte de tu propósito de vida.

8

SI CREES QUE VA A PASAR, PASARÁ

L o que antecede a toda acción es un pensamiento, por eso ten mucho cuidado con lo que piensas. Recuerdo muy bien el concepto que la psicología cognitiva da a este tipo de fenómenos, lo aprendí desde el segundo semestre de mi formación como psicóloga, lo llamamos profecías autorealizables.

Se trata de un sesgo en la percepción a través del cual anticipamos los hechos y sus consecuencias antes de que ocurran, con una seguridad casi profética. Normalmente son situaciones con carga de sufrimiento. ¿Cuántas veces hemos dicho: «*al final va a ocurrir esto, ya lo verás?*».

Este sesgo se basa en los análisis que el psicólogo Robert King hizo de los estudios del sociólogo estadounidense William Thomas, quien profundizó en la sociología del conocimiento y planteó el siguiente teorema: ***«Si los*** *individuos definen las situaciones como reales, son reales en sus consecuencias».*

Mediante este teorema, Thomas hizo ver la capacidad de las personas para convertir en reales las situaciones sociales que suponemos como tales, al adecuar nuestra conducta a esa situación. El resultado es una profecía autocumplida o autorrealizada. Podríamos decir que esta es una predicción que, una vez hecha, es en sí misma la causa de que se haga realidad.

Las personas no reaccionamos simplemente por cómo son las situaciones, sino también, y principalmente, por la manera en que percibimos tales situaciones, y al significado que le damos a las mismas. Una vez nos convencemos —o nos convencen—, una situación tiene un cierto significado, y al margen de que realmente lo tenga o no, adecuamos nuestra conducta a esa percepción, con consecuencias en el mundo real.

García Márquez ilustra en el siguiente relato un buen ejemplo de profecía autocumplida: *«Una mujer de un pequeño pueblo se levantó con una corazonada angustiante 'Algo terrible va a pasar en este pueblo', le advirtió a su hijo mientras servía el desayuno. El hijo se ríe y cuando juega al billar con sus amigos comenta lo que dijo su madre. Los amigos les cuentan a sus familiares, las familias y los vecinos; por la tarde todo el pueblo sabe de la premonición y se reúne en la plaza a esperar la desgracia inevitable. La inquietud es desesperante. Finalmente, alguien se decide y abandona el pueblo. Los demás siguen su ejemplo: cargan bártulos y parientes sobre los coches y se escapan. Algunos prenden fuego a sus casas; el incendio se propaga. Cuando la mujer del principio mira hacia atrás y ve las llamas y el humo, le comenta a su hijo: 'Te lo dije, te lo dije'».*

El autor de este teorema al ahondar en este planteamiento, llega a la conclusión que las personas respondemos a la percepción y el sentido que le damos a una situación y no a su realidad objetiva, lo cual influye totalmente en nuestras conductas respecto de esa situación.

Para explicar de forma más sencilla este planteamiento, quizás te sean familiares estas frases: «*te lo dije*» o «*ya sabía que al final ocurriría*», como lo puedes leer en el texto del ganador del Nobel de Literatura. Posiblemente estés sonriendo discretamente porque algunas veces las has pronunciado.

Déjame decirte que estos pensamientos traducidos a frases son peligrosos, porque nos hacen percibir las cosas de una manera manipulada, y por lo tanto equivocada al dar una subjetividad a los acontecimientos que están únicamente basados en nuestras percepciones.

La pregunta que te debes estar haciendo es: ¿qué hago para corregir ese error en mi forma de pensar? La solución está en el mismo lugar, todo está en tu mente, lo que piensas es lo que se expande.

.   .   .

Me gustaría dejarte con estas reflexiones: ¿en qué piensas la mayoría del tiempo? ¿Cómo es tu calidad de energía cada día? Estas dos preguntas están estrechamente relacionadas, pues la calidad de tus pensamientos va a definir gran parte de la calidad de tu energía.

Si la mayoría del tiempo estás pensando en las noticias trágicas que suceden en el mundo, en lo mal que actúan ciertas personas o en la realidad que no te gusta, puedo adivinar algo de ti: tienes la energía baja, te sientes pesado y vives disperso.

III

EXCELENCIA

EXCELENCIA

9

EXCELENCIA: MI PASO POR LA EMPRESA ESTATAL

Cuando me anunciaron que había sido admitida para el cargo en una de las tres instituciones estatales donde tuve el privilegio de trabajar, me sentí absolutamente honrada porque sabía que desde ese lugar tenía la posibilidad de materializar mi propósito de vida: **el servicio a los demás.**

Tuve el honor de estar vinculada a entidades del Estado por veinte años. Fueron años de orgullo, años de servirle al país desde un cargo público que es todo un privilegio y un honor que se lleva con toda la altura y el nivel. En el camino del servicio público encontré personas maravillosas, con gran sentido humano y comprometidas con su ejercicio profesional, aun así, debo confesarte que tuve momentos frustrantes porque en mi deseo de servirle a los ciudadanos, de cumplirle a ellos que eran quienes pagaban mi salario, encontraba algunas personas mediocres.

. . .

Recuerdo con total claridad mi primer día en una de las entidades desde donde tuve el privilegio de materializar mi propósito de vida: el Servicio Nacional de Aprendizaje. Ingresé a uno de sus centros de formación llamado «Centro Nacional de la Madera». En realidad, conocía poco sobre el proceso productivo de este bello material, pero sabía que tenía magníficas competencias en áreas administrativas, fue en esta línea donde me especialicé.

Me levanté muy temprano aquel día del año 2000. Poco había dormido aquella noche, pues llegaba a una oficina con nuevos compañeros, nuevos proyectos, nueva jefe; hoy una gran amiga, se llama María Adiela López, a quien le debo gran parte de lo que soy como profesional. Ella confió en mí, que, si bien ya tenía una experiencia anterior, este cargo exigía un gran nivel de responsabilidad. Aquellas personas que contribuyen a nuestra excelencia deben tener un gran lugar en nuestra vida.

Al llegar a aquella oficina no podía creer que tendría una extensión de teléfono solo para mí. Me sentía tan importante —sonrío—, no tenía idea de que aquella mujer que llegaba a ese lugar, con su ropa poco agraciada, con gafas y brackets, llegaría a ser más adelante la directora. El camino estaba trazado para que así fuera. Sí, como en la famosa novela llamada «*Yo soy Betty la fea*», de gran éxito en el año 2000 en Latinoamérica, así mismo, yo era una mujer poco agraciada o, mejor dicho, poco arreglada, cuyo mérito fueron mis excelentes resultados en la universidad y las maravillosas referencias de mi anterior jefe. Así que trataba de opacar mi poca gracia, con el mejor desempeño posible.

· · ·

Estando en este cargo, denominado «*Asesora Jefa de Centro*», es donde inicia mi amor por profundizar desde la academia en conceptos como liderazgo, gestión del talento humano, competencias organizacionales y mucho más, conocimientos que fui adquiriendo a medida que avanzaba en mi experiencia laboral, lo cual me llevó a estudiar mis tres especializaciones, tres maestrías y formarme por más de tres mil horas. Porque todo lo que toca con el ser humano, merece nuestra preparación.

A medida que iba puliendo mi formación y experiencia, también se iba transformado mi aspecto físico, asesorada por quien hoy es mi amigo y hermano, Jorge Iván Salazar, quien seguro al leer estas líneas recordará la cantidad de anécdotas sobre mi estilo, que no lograba encajar en ninguna tendencia de moda. Sí Jorge, sé que te estás riendo a carcajadas, como lo yo hago cada vez que vienen a mi mente esos recuerdos.

Fue en esta entidad del Estado donde me apasioné aún más por el servicio a los vulnerables. Ya dice una frase:

 «*El poder no cambia a las personas, solo revela quiénes verdaderamente somos*».

Cuando llegamos a un cargo que conlleva ciertas responsabilidades y toma de decisiones que afectan a otras personas y al sistema, el poder se vuelve algo muy seductor.

· · ·

En estos cargos de poder se tiene la sensación de ser respetado, admirado y querido, ¡pero cuidado!, la mayoría de eso no es real, solo alaban tu cargo, no a ti como persona. Debes saber que todo eso es pasajero, que el cargo que tienes se acaba, así como los títulos y las etiquetas, y solo te quedará el bien que hiciste a los más vulnerables desde ese cargo que ocupaste, y esto a mí sí que me hace alzar la frente y sentirme orgullosa por el trabajo realizado.

En este recorrido en cargos de dirección pública por más de veinte años, he tenido la posibilidad de conocer dos tipos de líderes:

- **a) Tipo de líder A:** aquellos que utilizan el miedo para ganar respeto, no valoran el trabajo de los demás y destacan sus errores. Buscan el enfrentamiento entre tus colaboradores, hablan mal de su equipo y compañeros a la dirección para ganar su confianza y asegurar su puesto. Este tipo de líder necesita que le demos la razón. Se cree mejor y más listo que el resto. A cada persona le dice lo que quiere escuchar. Utiliza la amenaza y el sentimiento de culpa para manipular a las personas. Solo le importa su propio bienestar. Lo que ocultan estos líderes es una baja autoestima y gran afectación emocional en su vida, que trasladan a su cargo. Siento lástima por ellos. Este es un «líder» que está en etapa de supervivencia y no de creación.

- **b) Tipo de líder B:** utiliza el poder para ponerlo al servicio de los demás, para crear sinergia, para crear equipo. Valora las fortalezas de los demás, reconoce que otros antes que ellos hicieron cosas buenas y que sus colaboradores pueden ser mejores que ellos en ciertos aspectos y lo valora. Respeta a todas las personas por igual. Acepta el error como una oportunidad de aprendizaje. Habla a la dirección del buen trabajo de su equipo y sus colaboradores. Da su opinión sincera, aunque no guste. Acepta los cargos por lo que pueda aportar y no por el poder que conllevan. Este es un líder que está en etapa de creación y no de supervivencia.

Para hablar de excelencia, debo referirme a una incómoda situación: en mi paso por el mundo laboral me encontré con personas con poco sentido de responsabilidad, que no se interesaban por hacer un poco más de lo que les correspondía. Personas que tomaban atajos permanentemente para evadir su trabajo. Eso me generaba frustración y fue una de las causas que me llevaron a tomar la decisión de retirarme de mi vida profesional en el servicio público.

Te preguntarás ¿por qué esto me afectó tanto?, porque precisamente se trata de personas vulneradas en sus derechos, a quienes les han hecho creer que deben estar al servicio del Gobierno y no el Estado al servicio de ellas. Que crecieron con la convicción de que no tienen por qué exigir, porque son señaladas de antisociales, y que deben agradecer con reverencia lo que el Gobierno les entrega porque es casi inmerecido.

Pareciera como si los gobernantes pagaran con su salario la ayuda que esas personas por derecho están recibiendo. Les hace sentir que no lo merecen, las hacen sentir responsables y culpables, por eso no logran disfrutar de aquello que el Gobierno les entrega y que por derecho les corresponde.

Hablo de aquellas personas que nacieron en hogares sin las mismas posibilidades económicas que otras, situación que determinó su calidad de vida, porque desafortunadamente el lugar donde nacemos decreta en gran parte quiénes vamos a ser. Y con esto no me refiero a que las personas tengan que estar sometidas a esas condiciones de miseria en las que han nacido, me refiero a que ellas pueden salir de allí. Hay ejemplos en los que encontramos cientos de casos de personas maravillosas que, en medio de su pobreza económica, lograron salir triunfantes.

A lo que me refiero, es a que evidentemente estas personas van a tener un poco más de dificultad que otras, para quienes el camino les ha sido absolutamente allanado. Estas deben dar un poco más en su vida, tienen que esforzarse, tienen que entrar a jugar el juego de la vida en condiciones desiguales.

. . .

Vamos a imaginarnos que la vida es como una gran cancha de fútbol, pero que está inclinada hacia un lado. Las personas que nacen en condiciones desiguales podrán hacer un gol, por supuesto que sí, pero tienen que subir una pendiente muy inclinada y eso les va a suponer más esfuerzo, mientras que las otras que están arriba y que tienen toda la posibilidad porque nacieron en un hogar con más recursos, harán gol con mucha más facilidad. A eso me refiero.

Debo confesar que con determinada frecuencia me sentía excluida de esta cultura laboral. Una cultura donde tú convocas una reunión a las 8:00 de la mañana y las personas llegan a las 8:30 como si nada hubiese pasado. Una cultura donde tú tienes que decirle tres veces a alguien: «por favor responde un correo». Una cultura donde tienes que hacer un seguimiento permanente para que las personas cumplan sus compromisos. Eso realmente me genera mucho desgaste y por eso me repetía una y otra vez: «siento que debí haber nacido en una cultura diferente, aquella cultura donde se respetan los acuerdos y compromisos».

Permanentemente recibía comentarios como: «*no tienes que hacer tanto, no te van a despedir si haces solo lo que te corresponde, ¿por qué te esfuerzas?, ¿por qué tienes que hacer más de lo que te piden?...*» En esos momentos simplemente me quedaba mirando aquella persona que me retaba al decirme esto. «Qué poco espíritu tiene», pensaba, «y que poco me conoce».

. . .

Con estas personas que se dedicaban a dar desde su cargo lo más mínimo, ocurría algo, sus vidas estaban llenas de escasez, normalmente vivían con deudas, atrasados en sus cuotas, la colilla de pagos era un cúmulo de deducciones, sus vidas familiares y personales eran un tanto desorganizadas. Yo me repetía para mí: «es que le dan tan poquito a la vida, que la vida le está devolviendo migajas». Porque lo que das, recibes.

Mi cerebro racional no lograba entender cómo se sentían orgullosos de hacer lo mínimo, de sentirse todopoderosos. Olvidaban que estaban allí porque tenían una misión sagrada: responder a las personas más vulnerables, aquellos que no tuvieron las oportunidades nuestras de ir a un colegio, a una universidad, de tener un buen empleo, tener tres comidas al día, tener un lugar cómodo para descansar en las noches.

Nosotros trabajábamos para personas que tenía unas condiciones de vida muy difíciles y por eso mi esmero para que todos ellos tuvieran lo que por derecho les correspondía, lo que era de ellos, no lo que era mío.

Nunca le quité al Estado nada para mi beneficio personal, porque todo lo del Estado les corresponde a los ciudadanos y por eso el Dios en el que creo, me bendijo con una libertad financiera que me permitió hacer inversiones y hoy estoy disfrutando de una vida muy tranquila. Siento que desde hace muchos años atrás me preparé para este servicio.

. . .

Para ti que estás en tu entorno laboral, académico, familiar, te digo: da un poco más de lo que te están pidiendo. Trata de dar más porque puedes hacerlo, no te conformes con lo que te piden hacer. Ve más allá de aquella petición que alguien te ha hecho.

Cuando tú haces aquello que haces desinteresadamente, no por una orden o por una instrucción, sino porque lo diste desde el corazón, te lo digo por experiencia, la vida misma se encargará de devolverte el doble de lo que le estás dando.

Si tienes el privilegio de hacer parte del servicio público en tu país, te agradezco que cada mañana al despertar recuerdes que tienes una misión muy grande, que has sido llamado para ser el vocero de aquellos cuya voz no es escuchada, para interceder por aquellos a quienes la sociedad ha estigmatizado y rechazado.

Has sido llamado a un lugar de honor, y desde allí, materializar todo lo que el Estado tiene para ellos, por derecho no por obligación. Cuando llegues a tu lugar de trabajo, a tu oficina, bendice tu lugar, dale gracias a Dios por el privilegio de estar ahí y desde allí ser el referente para cientos de ciudadanos que hoy están esperando una respuesta tuya, una respuesta amable, con una sonrisa, un saludo y de manera eficiente.

Siéntete muy orgulloso de lo que estás haciendo, siéntete privilegiado de la posibilidad de servir a los más vulnerables desde tu cargo. Hoy te invito a preguntarte *¿cómo puedo dar más de eso que me están pidiendo?*, recuerda que tus superiores son los ciudadanos, por ellos es que tú estás en ese empleo, ellos a través de sus impuestos pagan tu salario, eso jamás lo olvides.

Cuando mires a una persona a la cara, por ejemplo a un campesino que se acerca a ti un poco asustado porque no sabe cómo hablarle «al doctor», porque no sabe cómo interceder frente a una petición, porque no sabe dónde encontrar una oficina, porque no sabe cómo diligenciar un formato, porque necesita una respuesta de una petición que hizo hace seis meses..., cuando veas el rostro de ese ciudadano, dile mentalmente «gracias, tú pagas mi salario, yo soy tu servidor, dime qué necesitas y en mi tendrás una respuesta eficiente y ágil». Hazlo sentir como el ser más especial, como el más valioso. Si la sociedad ha discriminado, vulnerado y anulado sus derechos, tú no lo vas a hacer. Tú estás en ese cargo para devolverle sus derechos.

Que cuando esa persona salga de tu oficina, te quede la satisfacción de haber ayudado a alguien, que sientas la emoción de saber que a través de un cargo público, tú puedes y debes transformar la vida y el entorno de la gente. Ellos jamás olvidarán lo que tú les hiciste sentir, porque están acostumbrados a ser discriminados y excluidos, pero tú les diste todo lo contrario, tú los hiciste sentir importantes, como tiene que ser.

. . .

Estoy segura de que si los miles y miles de servidores públicos alrededor del mundo hicieran eso cada día, tendríamos una sociedad más justa, más pacífica, más armoniosa y en paz, porque he visto desafortunadamente esa brecha que se genera entre un servidor público y un ciudadano, cuando este llega atemorizado, no sabe cómo hablar y el servidor público lo mira de pies a cabeza como diciéndole: «tú por qué me hablas, tú por qué me miras, yo por qué tengo que darte algo, yo por qué tengo que responderte, tú quién eres, ¡igualado!».

Cuando veas a ese ciudadano, trátalo con amor, con respeto, con diligencia y con dignidad. Míralo a los ojos y recuerda siempre que es él quien paga tu salario. Que gracias a él tú estás sentado en esa silla. Por él tú puedes llevar la comida a tu casa, por él tus hijos tienen la oportunidad de estudiar, por él puedes darte unas buenas vacaciones, por él puedes comprarte ropa de marca, por él tienes un buen lugar dónde descansar y por él tienes una buena casa para habitar con tu familia. Así que a partir de ahora, con cada ciudadano que se acerque a ti, despídelo con una sonrisa en tus labios.

Este capítulo lo hago en honor a quienes han sido mis líderes. Gracias a ellos he llegado hasta aquí, todos ellos han sido mis maestros.

10

LA CARRERA POR LA EXCELENCIA

El reloj marca las 3:30 de la mañana, suena la alarma y siento que aquel ruido hace parte de un sueño, de uno de aquellos donde pedimos mentalmente un poco más de tiempo, pero a la vez otra parte de tu cerebro, el autoritario, te dice: «*no puedes tener más tiempo, recuerda que tienes obligaciones, ya párate*».

De la nada me paro de mi cama y aquella otra voz en mi cerebro o tal vez de mi corazón que me dice: «*descansa, puedes hacerlo, mereces un momento más para ti*», se va desvaneciendo y por eso actúo rápidamente y repito un ritual que utilizo desde que era niña, *digo tres veces: gracias, gracias, gracias.*

Viví confiada en que mis verdaderos ideales me conducirían al éxito. Vivía cada mañana de la vida con el mismo esquema de cada atardecer, sin darme cuenta de que lo que tenía en la mañana, en la tarde ya no estaría.

· · ·

Estuve siempre tan ocupada en responder doscientos correos diarios, atender docenas de reuniones, proyectos y compromisos, que no me cuestionaba sobre mi propósito de vida. Sentía que preguntarme por mi existencia era algo cursi, que yo no tenía tiempo que perder. Estaba más interesada en mi imagen exterior, que la ropa luciera impecable y que por supuesto, los zapatos y la cartera hicieran juego con mi vestido de marca, que en lo verdaderamente trascendental.

No importaba si mi cuerpo no quería levantarse cuando la mayoría dormía, no lo escuchaba y prácticamente me comportaba como «jefe» con mi cuerpo que no tenía derecho a quejarse. Al parecer el descanso no estaba hecho para mí, es más, me sentía mal cuando lo hacía.

Por años ignoré lo que me rodeaba, los árboles, los pequeños animales en el entorno, jamás me detuve a apreciar cómo los guayacanes nos regalaban cada año sus majestuosas flores amarillas. No prestaba atención a los mensajes que se interesaban por mi crecimiento personal, los sentía sin ningún aporte y vacíos. De hecho, pensaba que quienes se dedicaban a esto, era porque no encontraron algo más provechoso que hacer, que no eran ejecutivos como yo, que sí era una mujer «exitosa».

Ahora que me dedico a hablar sobre mi propósito de vida y cómo desde allí creé mi empresa, recibo cientos de preguntas sobre ¿cómo encontré mi propósito?, ¿qué tan fácil o difícil fue? Les digo que es tan sencillo como hacer aquello que en realidad te hace feliz, llegar a ese lugar del que ya no quieres moverte.

Una forma de conectar con tu propósito es conectando con la naturaleza y encontrarte, porque todo se origina del ser. Te has preguntado ¿por qué ahora te preocupas tanto si durante los nueve meses de gestación jamás tuviste una sola preocupación?

Sabías que todo estaría bien y que no controlabas aquello que estaba fuera de ti. Eso significa que durante esos nueve meses, todo estaba planeado para tu nacimiento. ¿No crees que sigue siendo igual para ti después de nacer?, todo lo que eres está para ti.

Regresa un poco en el tiempo y recuerda aquello que te generaba pasión, eso en lo que pasabas horas, aquello que a solas te hacía sonreír... allí está tu propósito.

Toda nuestra vida estamos rodeados de muchas personas, familia, amigos, de quienes algunas veces recibimos mensajes como que no podemos ir donde queremos, que debemos confiar en algo externo y nunca en algo interno. Allí, justo allí inicia nuestro viaje hacia la ambición.

· · ·

Aparece el ego a decirnos que solo somos lo que tenemos. Nos identificamos basados en nuestras pertenencias. Los medios de comunicación, el mundo consumista nos dice: ten más, ten más, ten más... te obsesionas en cómo poder conseguir mucho más. Si eres lo que tienes, eso va a desaparecer tarde o temprano y así también desaparecerás tú mismo.

El ego se alimenta de lo que tenemos y de lo que hacemos, allí está representado para muchos el éxito, y por eso iniciamos una cacería desenfrenada por competir, no con nosotros mismos, sino con los demás para quienes es importante lo que piensen sobre ti.

Cuando tu vida está regida por el ego, te encuentras en un estado de derecho y no de humildad. Tu vida está más allá del ego. Al pasar a darle sentido a tu vida, te das cuenta de que provenimos de una fuente, llámala como quieras, Dios, energía... en todo caso busca la manera de formar parte de ello para que estés completo.

11

EXCELENCIA VS MEDIOCRIDAD

Vivimos en una sociedad donde la mediocridad es la norma. Mucha gente hace lo mínimo que puede con su vida, no se enorgullecen con quienes son y tampoco con su trabajo. Personas que hacen lo que deben cuando alguien los observa, pero cuando se voltea la mirada, están haciendo lo mínimo.

Son aquellos que toman el camino fácil, que siempre están buscando una salida sencilla. Si no tenemos cuidado caeremos en la misma mentalidad, pensando que es natural llegar tarde al trabajo y no dar lo mejor de nosotros en todo momento.

Cuando vives desde la excelencia haces lo correcto sin importar si te ven o no, siempre das la milla extra y das más de lo debido. Muchos van a querer que los imites, que seas uno más del montón, que te dejes llevar por la mediocridad. Están rondándote para convencerte de hacerlo, inclusive te maltratan si no eres uno de ellos, yo sé bien lo que te digo porque yo lo viví.

Te dirán: «no te esfuerces; esta empresa no es tuya; no tienes que cuidar las áreas comunes, que lo haga el gobierno...» pero tú no eres ellos, tú eres algo mejor, has nacido para ser excelente. Que tú seas la referencia en tu familia, trabajo, escuela, es la meta; no lo hagas por ellos, hazlo por ti y lo demás se te dará en abundancia.

Cuando en ti habita el espíritu de excelencia, siempre vas a hacer más de lo que debes. Esta frase viene de la Biblia, Jesús dijo en Mateo 5:41: «*Y a cualquiera que te obligue a llevar carga por una milla, ve con él dos*». Esta es la actitud que ha guiado mi vida desde que tengo uso de razón, es parte de las enseñanzas de nuestra madre, mujer generosa y caritativa que ayudaba más allá de lo que le pedían.

Jamás recuerdo haber llegado a mi trabajo a la hora en punto de ingreso, normalmente lo hacía mucho antes y no porque mi jefe estaba cerca, lo hice siempre por convicción, porque dar la milla extra es de personas de excelencia y yo soy una de ellas, y tú también.

Debo admitir que tenía poca tolerancia hacia aquellas personas que, siendo servidores públicos, recibiendo el salario fruto de los impuestos de los ciudadanos, llegaban pasada su hora de ingreso, descargaban su maleta, daban algunas vueltas antes de ir por su café y luego se acomodaban bien en su puesto, solo para entrar a las redes sociales, y hacer largas llamadas personales. Yo debía respirar profundo, lo poco que daban era lo poco que recogían de la vida.

Por fortuna el servicio público está lleno de personas que dan su milla extra, que tienen un espíritu de excelencia, aun así, necesitamos que todos, todos lo sean. La vida no premia la pereza, la vida premia la excelencia.

No estoy de acuerdo con aquellas personas que te dicen que solo con desear algo con fuerza lo vas a obtener: un ascenso, libertad financiera... pero no hacen más de lo que se les pide. Vivimos en un mercado muy competitivo, si no estás mejorando, creciendo y aprendiendo habilidades cada día, te vas a desactualizar rápidamente. El mundo avanza a toda velocidad y debemos actualizarnos conforme avanza.

Mi invitación es, hagas lo que hagas, hazlo con excelencia; busca siempre maneras de ser más productivo, hazte acompañar de un maestro que te guíe, no te estanques. La mayor prueba de la excelencia es que siempre estas creciendo y esto indefectiblemente te llevará al éxito, es garantizado. Te lo hablo desde mi experiencia de vida.

12

RENUNCIO A MI «EXITOSA» VIDA PROFESIONAL

L as personas me decían «*¿te has vuelto loca?, llevas una carrera profesional de veinte años, una carrera brillante, llena de logros. Una carrera donde has tenido muchísimos éxitos*», pero en ese momento yo me decía «*si este es el éxito, ya no lo quiero*», porque el éxito a costa de mi tranquilidad, de mi salud, de mi bienestar es un concepto muy extraño. Por eso renuncié.

Un buen día me dije: «*se acabó, no va más, este es el final*». Tuve la valentía que pocas personas tienen cuando están en un trabajo no cómodo, para renunciar y seguir lo que me dictaba mi corazón. Cuando por fin logré hacerlo sentí una liberación tan grande. Es darte cuenta de que puedes superar ese miedo a dar un paso al vacío, para sentir paz, tranquilidad y liberación.

Alguna vez me detuve y me dije: ¿Por qué estoy corriendo tanto?, ¿hacia dónde voy en esta carrera desenfrenada?, ¿por qué tengo que levantarme cada día a las 3:30 am, empujando un cuerpo débil y cansado? La respuesta era: por el ego o por el miedo, que era lo que regía mi vida en ese momento. Definitivamente no era el amor, definitivamente no lo era.

Te recuerdo que venimos de un cascarón, pasamos nueve meses en el vientre de nuestra madre, por eso hacer rupturas, salir de donde estamos es la mejor opción. Es lo mejor que nos puede pasar en la vida., Quedarnos dentro de ese cascarón nos limita, nos genera patrones poco adaptativos, y finalmente nos llena de miedos y de temores para dar el siguiente paso.

Nosotros ya tuvimos la oportunidad de salir del cascarón después de pasar ese tiempo allí, para ver la vida. Si hoy tienes que tomar una decisión, una en la que tengas que salir de un cascarón llamado empleo que no te satisface, una relación de pareja en la que tienes muchos conflictos, una situación de amigos que no te aporta, rompe este cascarón y sal hoy mismo. Te pregunto ¿escuchas a tu corazón?, ¿lo escuchas realmente?, ¿te has sentado a averiguar qué quiere decirte?

El problema de la sociedad actual es que la gente no tiene tiempo, vivimos en un mundo acelerado, y se busca hacerlo así para poder mercantilizar nuestra vida, que es mucho más que andar a las carreras.

. . .

Vamos todo el tiempo muy deprisa, no tenemos tiempo para nada y normalmente decimos «si el día tuviera más de veinticuatro horas» y para qué... ¿para seguir corriendo?, ¿por qué no aprovechas mejor esas veinticuatro horas que ya tienes, cada minuto, cada segundo de ese día para valorar el milagro que es tu vida?

No me da pena decirte que era una mujer llena de títulos y a la vez muy ignorante. Ignoraba mi cuerpo, ignoraba las señales físicas que me daba, ignoraba las señales del entorno, ignoraba a mi familia, ignoraba a mis amigos, en conclusión, ignoraba mi vida. ¿Para qué tantos títulos?, ¿para qué tantos reconocimientos?, ¿para qué tantas medallas y diplomas? Si ignoramos lo más valioso: a nosotros mismos.

No te voy a decir que ha sido fácil Iniciar este acto de reflexión. Por momentos mi cerebro racional no concebía lo que estaba pasando, no concebía los cambios que estaba haciendo, no concebía que escuchara mi corazón. He tenido momentos donde flaqueo y me digo: ¿será que sí tomé la decisión correcta?, ¿será que esto era lo que debía haber hecho?, ¿será que no me estoy equivocando? Y pasados unos minutos me digo: «y qué importa si me equivoco, no pasa nada».

Antes para mí el equivocarme era motivo de debilidad, era motivo de vergüenza frente a los demás. Como ahora sé que soy el ser más importante, me doy permiso de equivocarme, me doy ese espacio, me felicito cuando me equivoco porque de allí nace nuevo conocimiento.

Una de las palabras que me propuse eliminar de mi vocabulario fue la palabra culpa. Yo me asignaba la responsabilidad de todo lo que pasaba a mi alrededor, lo que pasaba con mi familia, con mis amigos, mi trabajo, con mis compañeros, en el país, en el entorno.

La palabra culpa tiene ahora un significado muy especial, no la uso como se acostumbra tradicionalmente para señalar estigmatizar y sancionar, ahora, la uso como un motivo de aprendizaje y de reconocimiento.

La misma religión nos ha enseñado que la palabra culpa tiene que ser parte de nuestra cotidianidad. ¿Cuántos de nosotros hemos repetido la oración dándonos golpes de pecho? *«Por mi culpa, por mi culpa, por mi gran culpa»*. Eso es simbólicamente un mensaje muy poderoso.

No te estoy pidiendo que dejes a un lado tu religión, sigo siendo una mujer creyente, sigo siendo una mujer profundamente amorosa de la religión y del amor de Dios, pero Dios no es un ser castigador, Dios es un ser de amor. La persona que creó esa oración nos inculcó el hábito de llegar a la Iglesia para darnos golpes de pecho y culparnos por pensamientos, palabras, obras y omisiones.

. . .

Esto es increíble, culparnos por pensamientos obras y omisiones, y así crecimos inconscientemente cargando ese pasado tan fuerte, tan doloroso, cada uno de nosotros lleva en su costado, las culpas. Mi mensaje para ti es: que debes transformar el concepto que tienes de culpa.

Hice un pacto conmigo misma, hice lo que me decía el corazón, me dije: «*voy a hacer leal a mi corazón y pase lo que pase, lo escucharé*», ese será el elemento definitivo para tomar decisiones.

Si tú quieres seguir este camino, te invito a hacerlo. No te digo que todo es maravilloso, esto es un camino de rosas y en las rosas también hay espinas, pero también hay color, diseño, armonía, eso es con lo que te vas a encontrar. Tu corazón es libre, ten el valor de hacerle caso.

No te voy a decir que dar ese paso es solo para valientes, también es de temerosos, pero cuando nos atrevemos a dar ese salto al vacío, definitivamente esa preocupación se va transformando, esa valentía que creíamos no tener aparece de la nada.

Nada ni nadie nos puede asegurar que exista más vida. Nada ni nadie podrá decirnos que después de dejar este cuerpo seguirá algo, por lo tanto, mi invitación es a que esto que tenemos hoy, esto que sí sabemos que existe, lo transformemos en una experiencia de vida placentera, porque ninguno de nosotros conoce exactamente si hay algo adicional, pero de lo que sí estamos seguros, es que si estamos en esta vida para lograr esas transformaciones.

Todo está conectado, lo que vemos y lo que no vemos, pero solo lo podemos escuchar desde el corazón, mas nuestro cerebro racional nos permitirá saber eso que quizás nos estamos perdiendo. Como dice el Libro El Principito: «*He aquí mi secreto, que no puede ser más simple: solo con el corazón se puede ver bien; lo esencial es invisible para los ojos, lo que hace más importante a tu rosa, es el tiempo que tú has perdido con ella*».

Sabes que lo realmente interesante de la vida es difícil de explicar, porque es invisible, porque es inconcebible, porque es difícil de ver, pero allí es donde realmente está la magia.

Cuando confías y te sientes capaz, es cuando todo empieza a florecer, pero es que tradicionalmente nos han enseñado a desconfiar hasta de nosotros mismos, a sentirnos incapaces. Es allí donde nos quedamos anclados a malos hábitos, te invito a recordar que nuestra capacidad es ilimitada, pero nosotros no siempre somos conscientes de ello.

IV

EXPERIENCIA

EXPERIENCIA

13

DESPIDO MI PASADO CON AMOR

Estarás de acuerdo conmigo en que lo complicado de una despedida no es la acción de decir «adiós», es reconocer y aprender que ese «adiós» significa prescindir y continuar. Como lo dijo Jorge Bucay:

 «Muchas veces la vida está relacionada con soltar las cosas a las cuales nos aferramos intensamente, creyendo que tenerlas es lo que nos va a seguir salvando de la caída».

Recuerdo bien mi último día en la oficina. Había dormido poco la noche anterior, simplemente pensaba que había dado un gran paso y a la vez sentía miedo, porque no sabía lo que me esperaba, me sentía extraña pues casi nunca había dejado nada al azar. Hablar de Ángela era sinónimo de planeación, todo lo tenía medido y calculado, cada paso, cada acción. En esta oportunidad fue diferente, simplemente deje de darles gusto a los demás para concentrarme en mí.

Para tomar esta decisión tenía la fortuna de tener una libertad financiera que conseguí gracias a mi organización, así que el tema económico no me desvelaba. Pero sí lo hacía el hecho de saber que nunca había tomado una decisión tan radical, porque no sabía a qué me dedicaría el lunes siguiente.

Me desperté como de costumbre a las 3:30 de la mañana, con dolor en el alma, donde quiera que ésta se encuentre, no la vemos, pero sentimos el dolor. Era una habitación pequeña, solo con espacio para mi cama, un closet, una mesita de noche, una silla y un pequeño televisor que casi nunca usé.

No era mi casa, era el apartamento de un ángel encarnado en una mujer de noventa y un años, a quien por cariño todos le llamábamos Chavita, su nombre es Betzabé Monrroy de Bonilla y al escribir estas palabras ella tiene noventa y cinco años.

Algunos se preguntarán ¿qué hacía yo viviendo en la casa de la señora Chavita? Se los explicaré. Yo viví gran parte de mi vida en Medellín, la segunda ciudad más importante de Colombia. Llegué allí para adelantar mis estudios de Psicología y en esta ciudad permanecí por más de veinte años, le debo mucho de lo que soy hoy. Mi llegada a esta ciudad fue como la de muchas pueblerinas que salimos con una caja de cartón, literalmente hablando, y llegamos a la metrópoli llena de vías, carros, semáforos, edificios, todo eso nuevo para mí, porque en el pueblo que crecí, Sonsón, muy poco de eso había.

Conocí los semáforos, los ascensores, los edificios, los teléfonos en las calles, los buses de servicio público en Medellín. Sí, yo fui de las que llegó a la terminal de buses y no salía del asombro de todo lo que mis ojos veían. Me sentía tan pequeña en medio de tanta inmensidad. En Medellín llegué a vivir a casa de una prima lejana llamada Gloria, su esposo Gustavo y sus dos hijas: Bibiana y Patricia. Ellos se convirtieron en mi nueva familia. Gloria fue muy cercana a mi madre y sentía gran amor por ella. Creo que yo le reflejé el recuerdo de mi madre y por eso recibí todo el amor que ellos me dieron.

Sin ellos no estaría contando esta parte de mi historia. Cada persona que llega a nuestra vida es un escalón que nos permite subir al otro nivel, y por toda la familia de Gloria siento una gratitud eterna, porque me dieron la mano en medio de una difícil situación económica. Es en esos momentos en los que más se valoran las personas.

Mi situación empieza a mejorar al tener mi primer empleo y luego al llegar al SENA. Esta parte de mi vida la compartí antes. Ahora voy a contar cómo pasé de Medellín a Bogotá.

. . .

Al renunciar en el año 2014 me traslado a la capital de Colombia para aceptar el cargo que me ofrecieron en el Ministerio de Educación Nacional. Es en este capítulo de mi vida es donde tengo el privilegio de que la vida de Chavita y la mía se crucen.

Su apartamento estaba ubicado a diez minutos de mi oficina. Ella vivía sola, tuvo dos hijos: Martica —vive en Las Vegas USA— y José Gabriel —vive en Bogotá—. Chavita refleja la vida de miles de mujeres que educan solas a sus hijos. Trabajó por veinte años en una entidad del Estado ya desaparecida, y eso le permitió comprar su apartamento en un lugar llamado Pablo VI, cuyo nombre se puso en honor a quien fuera el papa entre 1963 hasta su muerte el 6 de agosto de 1978.

Chavita se convirtió en otra mamá para mí. Ella con toda su dulzura me preparaba cada noche, una deliciosa fruta que dejaba en el refrigerador para el desayuno del día siguiente, que yo complementaba con una sabrosa taza de milo caliente y una galleta.

Cada noche al llegar, tarde, ella siempre me esperaba y se sentaba conmigo en el comedor, donde escuchaba con toda atención mi relato del día, la mayoría de estos acompañados de lágrimas. Chavita tenía la palabra indicada en cada momento y por eso ella ha sido tan importante en mi vida, porque fue testigo fiel de esos últimos días, antes de mi renuncia. Agradezco a Julisse Guayacán, amiga del Ministerio de Educación quien nos presentó. Julisse es una mujer que encarna todo lo que representa ser un gran servidor público, apasionada y sensible.

Aquel último día, de lo que llamaré mi vida laboral en el sector público, me levanté a la misma hora y me dispuse para ir a la oficina. Muy pocas personas conocían mi decisión, porque no sentía confianza para compartir este gran paso que daría. Tampoco creo que les importara mucho, la mayoría de ellos vivían a través del ego y la apariencia, y era precisamente de ese mundo del que quería escapar, no quería ser uno de ellos.

Salí aquella tarde, viernes, convencida de que ya no regresaría más al lunes siguiente. Había dejado todo en orden para que quien llegara no tuviera contratiempos. Muchas lágrimas corrían por mi rostro, sentía que había botado veinte años de mi vida laboral a la basura. Me sentía muy poco valorada y mi trabajo poco reconocido. Solo me animaba el hecho que al llegar a mi casa encontraría a Chavita a quien cada noche, sin falta, le llevaba algo de comer. Era mi forma de expresarle mi cariño y gratitud.

Aquella noche recuerdo que llorando le dije: «*Chavita todo se acabó*». Ella secó mis lágrimas con sus manos delicadas y con los signos del paso de la vida, de una persona que ha vivido noventa y un años, me dijo: «*fue la mejor decisión, todo estará bien*». Sus palabras fueron una gran premonición, porque hoy varios años después de aquella decisión, debo decir que fue lo mejor que me ha pasado.

. . .

Regresé de inmediato a Medellín y en mi maleta cargaba las nuevas experiencias vividas, las personas conocidas y los buenos y no tan buenos momentos vividos, consciente de que allí empezaría a escribir otro capítulo de mi vida.

Sí, despedirse es uno de los momentos más duros. Implica liberar algo que no queremos dejar ir y queremos que siga estando allí. La prueba de la despedida como comenté anteriormente está en vernos a nosotros mismos siendo felices después de decir adiós.

Hoy quiero hacerte una invitación: cerrar capítulos e iniciar un nuevo libro con tu guion de vida. Hay heridas del pasado que nos dejan huellas, aprendemos de ellas cuando hemos perdonado y aceptado.

Todo esto requiere de tiempo, los psicólogos le llamamos «duelo emocional». Se trata de un proceso de adaptación que nos permite restablecer el equilibrio personal que ha quedado alterado por una pérdida.

A pesar del sufrimiento que causa el duelo emocional, es un proceso necesario y ayuda a adaptarse a la pérdida, prepara para la vida sin la presencia de esas personas o situaciones, y para conducir correctamente el vínculo afectivo de forma que sea compatible con la realidad presente.

Es natural que ante las pérdidas experimentemos emociones como la tristeza, la rabia, la culpa, la ansiedad, la soledad, la impotencia, la confusión, el miedo o el vacío, situación que viene acompañada de confusión, preocupación o sentir la presencia de ese ser amado. Es importante que sepas que el duelo o pérdida que normalmente asociamos a fallecimientos, también aplica para otro tipo de pérdidas como la salud, el empleo, la estabilidad económica, o una ruptura sentimental.

Decía Ernest Hemingway en su libro El viejo y el mar:

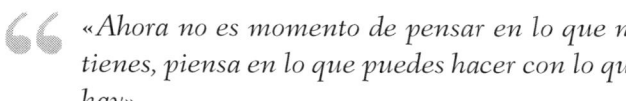 *«Ahora no es momento de pensar en lo que no tienes, piensa en lo que puedes hacer con lo que hay».*

14

REANUDANDO MI «EXITOSA» VIDA PROFESIONAL

¿Recuerdas algún momento en el que hiciste un profundo cambio en tu vida, como dejar el cigarrillo, las bebidas o un empleo estresante que tenías? La intensidad de ese momento es algo que no se olvida. Recordarás cada detalle, cada palabra y hasta el olor, todo esto llega en el momento oportuno. Los momentos difíciles son necesarios para impulsarnos a un mejor estado de vida.

Así me sentí luego de dejar por decisión propia mi carrera profesional, y lanzarme al vacío de no saber qué seguía para mí, lo cual no era fácil porque estaba acostumbrada a planificar cada minuto de mi vida. Pero allí ocurrió algo diferente, me dije: «*Ángela, tú no tienes que hacerlo todo*».

Yo estuve equivocada por muchos años. Si durante los meses de gestación lo tuvimos todo ¿por qué no puede ser así durante los años siguientes? Si estuvieras a pocas horas de morir ¿qué te dirías a ti mismo?, ¿tu vida valió o no la pena? Esa es la reflexión que ahora me mueve cada día.

Cuando sientes pasión por algo, es aquella fuerza divina que te habla y te dice que no llegues al final de tu existencia pensando que tu vida fue un error, esa es la peor tragedia. No tengas miedo de sentirte perdido, sin norte, sin brújula, allí es donde te encontrarás con tu origen. Observa a tu alrededor, cierra los ojos, respira profundo y recuerda aquello que hacías que te generaba emoción. Usa tu imaginación.

Así me sentí por varios meses, perdida y si norte una vez renuncié a mi trabajo, por eso tomé la decisión de trasladarme de Colombia a Estados Unidos para darme, lo que se conoce como, un año sabático. Sentía tanta frustración de no saber hacia dónde iba mi vida. Estando en este país desde el cual hoy escribo estas líneas, me dediqué, entre otros, a labores de voluntariados y es allí donde empiezo a conectar con mi raíz.

Llegué a Estados Unidos para pasar un tiempo en familia, porque mi hermano militar estaba con su esposa e hijos en el estado de Georgia. Fue un tiempo de mucho aprendizaje, de empezar a conectar con una cultura con la cual me siento más identificada: la responsabilidad, el cumplimiento, las normas, el respeto, es lo que impera, al menos en lo que yo veía.

. . .

Por dedicarme a estudiar y a trabajar sin descanso, no le di paso a otra parte de mi vida como la sentimental, por eso a mi edad no me había casado y tampoco tenía hijos. No estaba en mi proyecto de vida tener un hombre a mi lado para compartir, pero como por algo pasa lo que pasa y por eso es que debemos soltar aquello que no nos genera placer, estando aquí conocí al hombre que hoy es mi esposo y por eso mis planes de retorno a Colombia por ahora están aplazados.

Conocer a Steve me cambió en muchos sentidos. Compartir la vida con otra persona, hace que dejemos de pensar desde el ego, yo y solo yo, y pensemos desde la construcción colectiva, porque solos llegamos más rápido, pero acompañados llegamos más lejos.

Chavita tenía mucha razón con sus sabias palabras al renunciar a mi vida laboral: «algo mejor viene para ti». Sí, pasaron varios meses y ya estaba viviendo en Estados Unidos en una ciudad muy hermosa y tranquila, llamada St. Petersburg, ubicada en la bahía de Tampa en el estado de la Florida.

Esta es una típica ciudad estadounidense, con casas grandes, cada una separada de la otra por grandes jardines. Casi nunca ves personas en la calle, ellas se movilizan en vehículos y por eso es un lugar propicio para que las aves circulen por sus grandes lagos con toda tranquilidad. Cada mañana, acompañada de mi esposo y de nuestra perrita

«Unicornio» vamos a visitar los patos y las ardillas, y a llevarles comida.

Si ves el contraste, yo antes me levantaba presurosa para ir a la oficina a atender varias reuniones, cumplir varios compromisos y pasar estresada todo el día. Hoy mi vida ha dado un giro de ciento ochenta grados. Me levanto a la hora que el cuerpo quiere, preparo un delicioso desayuno, salimos a caminar y al regresar me dedico a servir a la humanidad a través de Happynar, esta *red de conocimiento* que hemos creado para compartir conocimiento de calidad. También aprovecho mi tiempo para escribir textos como el que estás leyendo.

Tal vez te confundiste con el título que le he dado a este capítulo *«Reanudando mi 'exitosa' carrera profesional»*. Posiblemente esperabas que te hablara sobre cómo entré de nuevo a una gran empresa, o como recuperé mis títulos a partir de un cargo. Pues no, siento desilusionarte. En esta parte de mi vida no hay títulos, rangos, etiquetas o reconocimientos, esta parte de mi vida la llamo: **el arte de servir, como mi esencia de vida.**

Cuántas veces has escuchado decir a la gente que el tiempo vale oro, dando a entender que nuestro tiempo es más preciado que el dinero. Por eso descubrí que existen muchas formas de dar y apoyar a quienes nos necesitan. Yo lo hacía usualmente a través del dinero que donaba a algunas fundaciones, pero ¿por qué usualmente recurrimos a ayudar de esta manera y no con nuestro tiempo?

. . .

Si me lo hubieses preguntado un par de años atrás te respondería, ¿cómo se te ocurre que voy a tener tiempo para obras sociales?, no tengo tiempo para nada diferente a mi trabajo; por eso siempre di la espalda a las realidades que viven tantas personas. Sentía que con mi donativo en especie era suficiente.

Ahora me pregunto ¿sería realmente falta de tiempo o falta de interés? Desde mi punto de vista, no existe la falta de tiempo, existe la falta de interés porque cuando la gente realmente desea apoyar, organiza su tiempo para participar en distintas actividades, que simplemente por no organizarse no concreta.

La experiencia que te llevas al hacer un ejercicio de voluntariado en terreno como ir a una comunidad y convivir con las personas, cocinar juntos o simplemente hablar, no te genera la misma satisfacción que al dar un donativo en especie.

Todos estamos llamados a ser voluntarios, a formar parte de los agentes de cambio que necesita nuestra sociedad, a dejar de quejarnos por las cosas que no están bien, ocuparnos de ellas y realizar un cambio. Esa es mi invitación para ti.

Haz el ejercicio de sentarte a hablar con alguien desconocido en el parque, con una de estas personas a quienes la sociedad discrimina, un reciclador, un habitante de calle. Escucha su historia, allí entenderás la riqueza de lo que habita en cada uno, que va más allá de su apariencia. Muchas veces ellos son más ricos que nosotros, la calle les enseña a valorar lo sencillo y esencial de la vida, aquello que para los demás es insignificante y poco valorado. Lograrás el poder de la *apreciatividad* cuando el ego deje de ser el motor de tu vida y conectes con tu origen.

La apreciatividad es definida por Laura Isanta como la capacidad humana de alto impacto en la calidad de vida de las personas y en los resultados de las organizaciones. Es la habilidad de ver el todo y seleccionar deliberadamente lo mejor y lo preciado. Es construir el futuro con el potencial del presente.

A eso me dedico en la actualidad, creo en las personas y en el poder que tenemos para generar cambios que mejoren la vida y el entorno social, sin rangos, sin cargos y sin etiquetas. Para mí el voluntariado es un gran activo humano con el que contamos a lo largo de nuestra trayectoria y su labor es fundamental para crear una ciudadanía que impulse cambios transformadores. Cada uno de nosotros tiene una vocación, si confías en ti confías en la misma sabiduría que nos ha creado.

La primera parte de la oración de San Francisco de Asís dice:

 «Hazme señor un instrumento de paz».

Es la invitación más poderosa para servir. Si al día hiciéramos más actos de amor el universo sería muy diferente.

15

DEDICADA A SERVIR

S i deseas que el universo te sirva, sirve primero, en eso consiste la compasión, en pasar de pensar en cómo conseguir cosas a cómo ofrecerlas. Es cuando llegues al punto en el que ya no estés centrado en ti mismo y en lo que te rodea, cuando des el paso de querer que aquello que amabas lo tenga otra persona antes que tú.

No te estoy diciendo que dejes de ser ambicioso, mi mensaje es a que transformes tu ambición, con sentido. Desapégate del resultado y disfruta el proceso. El ego es quien siempre te habla al oído sobre las metas, por eso pierdes de vista el camino y las maravillosas experiencias que hay en el recorrido. Pregúntate ¿para qué llegaste a la vida? No es para lo que nos ha educado la cultura, para sufrir y parecer, no, es para disfrutar y vivir en paz.

¿Sabes si tus hijos conocen tus capacidades?, ¿o será que te sumergiste en el rol de madre o de padre y dejaste de lado lo que soñabas de niño? Es normal que en medio de tu familia experimentes la soledad, por eso te invito a disponer de espacios para estar a solas contigo.

No te preguntes ¿cuál es tu propósito? solo escúchate y sirve a los demás, allí está, allí ha estado siempre. Concéntrate por solo un día en la forma de cómo ayudar a que la vida de otros sea mejor, tocar la vida de alguien es lo más valioso que tienes.

Los mensajes que recibimos cada día son como nos define la sociedad, pero al dar el salto nada te definirá más que tú mismo. Hay un lugar en tu interior que quiere sentirse realizado, que quiere ser una diferencia con tu existencia.

Decía Henry Thorew:

 «Si avanzas con seguridad en la dirección de los sueños, si intentas vivir la vida que has imaginado, darás con un éxito inesperado los tiempos normales».

De eso se trata justamente, de caminar en la búsqueda de tus sueños y no de lo que te impone la cultura por la opinión de los demás. Debes confiar en lo que llevas dentro.

El servicio a los demás debiera ser el objetivo que rige la vida de una persona. Deberíamos cultivar una vida más productiva y creativa, cumpliendo con alegría la misión de servir a los demás. Nos sentimos felices debido a la satisfacción que se experimenta al hacer felices a los demás. Se crea un sentimiento de emoción que se reflejará en todo el organismo, con lo que mejorará nuestra salud física y mental.

El propósito de nuestra vida se resume en el uso de nuestros talentos para ayudar a los demás. Las investigaciones indican que aquellos que constantemente ayudan a otras personas experimentan menos estrés, disfrutan de mayores niveles de salud mental, se sienten más conectados con su espíritu, se sienten más agradecidos por lo que tienen, e invierten menos en competir, que es la causa del estrés para muchos de nosotros. La felicidad comienza desde el momento que haces algo por los demás.

Si deseas ser feliz y darle propósito a tu vida, entonces no te centres en ti mismo, al contrario de lo que la sociedad nos inculca: centrar tu felicidad en logros materiales para ti mismo, más dinero, más poder, más cosas materiales, más y más para ti.

Desde la psicología sabemos que las personas más felices y las que encuentran un propósito de vida, son aquellos que se vuelcan a buscar la felicidad de la gente que les importa, como: familia, cónyuge, hijos, amigos y sociedad, aquella más vulnerable.

. . .

Somos seres sociales, no podemos vivir en solitario, por esto la evolución nos desarrolló el instinto de socializar y esto no es más que ayudar a otros. Así que mi invitación es dejarnos de centrar en nosotros mismos y buscar ayudar a otros, estimularlos, empoderarlos.

Te darás cuenta como tu vida tiene más sentido, y al final quedará el legado de lo que sembraste en otros, y tú sobrevivirás en la memoria de los que ayudaste más allá que el término de tu existencia física, como pasó con mi madre, una mujer que luego de treinta y dos años de fallecida aún es recordada por sus obras de caridad.

16

LIBERANDO MIS APEGOS
MATERIALES

Te ha pasado que te sientes viviendo una mentira en tu vida, sabiendo que aquello que tienes en la mañana ya no estará más en la tarde. ¿No sabes cómo pasar al sentido de la vida?

Llegas a un punto en el que te rindes, dejas de hacerte cargo de todo, sientes que estas llamado a algo más profundo que levantarse cada mañana, llegar a la oficina, responder mensajes y regresar agotado a tu casa en la noche, como fue mi caso durante veinte años.

Ahora te pregunto, *¿esta semana cuántas veces te has propuesto a ver algo tan sencillo cómo los árboles, su tallo, sus ramas, sus frutos, su diseño, sus colores, su textura o su olor?* Tal vez sea un árbol que siempre ha estado cerca de ti y lo has ignorado por años y él sigue firme a tu lado.

. . .

Te invito a acercarte a él, abrazarlo, a sentirlo y agradecerle por su presencia en tu vida y así cada día ir descubriendo otras pequeñas cosas que han estado junto a ti y de las que no te habías dado cuenta, por ejemplo: el viento, las flores, las mariposas, el cielo, las nubes...

Me caractericé por ser una mujer meticulosa, que planificaba cada paso a dar. Jamás dejé nada al azar, no creía en la «magia»; lo dejaba para aquellos que no tenían la suficiente capacidad de producir y debían acudir a algo tan ridículo como eso. Hoy, años después he tenido que «tragarme» estas palabras.

Sé que, para muchos asimilar esto es difícil, también lo fue para mí, lo que hice fue iniciar con pequeños ejercicios que luego se convirtieron en un hábito. Te pregunto, ¿vives una vida inspirada?, tal vez te estés diciendo, pero ¿qué es eso de inspirada? ¿Qué significa?, la verdad no lo sé, solo sé que vivo, eso hoy es suficiente para mí. Mis reflexiones no terminan aquí, me encantaría que siguieras preguntándote por ejemplo ¿cuál es el sentido de tu vida? ¿De dónde vienes? ¿Quién eres?

Sabes que la mayoría de las decisiones en la vida las tomamos desde el ego y esto es lo que nos hace alejarnos de nuestra raíz. Toda vida tiene su propósito, ¿cómo encontrarlo? me preguntan, la respuesta es simple, siempre ha estado conectado a ti, solo que no lo has escuchado, por eso no lo busques fuera, búscalo en su origen que es tu interior, porque somos creación divina.

. . .

Algunos me dicen: ¿entonces dejamos la abundancia y la prosperidad de lado? Y les digo, no, claro que es importante, pero es que siempre has pensado en ellos desde el ego, dándole gusto a los demás. Te invito a hacer lo que te ha apasionado con abundancia y prosperidad, desde un estado superior de la vida.

¿Estás dispuesto a hacer ese cambio? ¿Cuándo fue la última vez que tuviste una cita contigo mismo?, ¿que estuviste en silencio, conectado con tu esencia, sin distracciones para abrir tu conciencia? Cuando estás en este nivel haces que las cosas te persigan y no tú a ellas, y en este caso me refiero a la abundancia.

Pasar de un estado de supervivencia a uno de creación, o pasar de la ambición hacia el sentido, en eso se resume el cambio que dio mi vida hace cuatro años. Todo en lo profesional iba muy bien: logros, condecoraciones, reconocimientos, pero yo no me sentía bien. Ese es el sentimiento que te dice que tienes que hacer algo más allá. Dar este paso genera temor.

Llega un momento de tu vida que es mucho mayor que tú, que tus motivaciones, aquí es donde el propósito toma importancia. Has sentido que algo terrible que ha pasado en tu vida es lo mejor que te pasó, pues a mí sí y gracias a ese momento que fue doloroso, fue que descubrí mi propósito.

. . .

Corría el año 2016 y Ángela, la profesional brillante, ejecutiva, dedicada e incansable, empieza a notar algo extraño, su capacidad para generar ideas que era una de sus grandes virtudes fue desapareciendo, y eso me generó una gran frustración.

Comenté con mi mejor amigo lo que me pasaba y no me creía, me decía que estaba exagerando y no lo culpo, porque mi nombre se asociaba con ideas, resultados y soluciones y para ese momento las tres habían desaparecido.

Me dice: «debe ser que estas estresada». Y sé que es evidente sufrir de estrés en los cargos de dirección que tenía, pero esta vez era diferente y sentía que iba más allá. Sí, esta vez se trataba de un alto grado de estrés que empezó a transformarse en *burnout*, y esto sí que era algo problemático.

Sí, es difícil saber en qué momento el estrés deja de ser normal y en qué momento aparece un burnout. El burnout, también denominado síndrome del quemado o síndrome de quemarse, es un trastorno emocional de creación reciente que está vinculado con el ámbito laboral, el estrés causado por el trabajo y el estilo de vida del empleado. Este síndrome puede tener consecuencias muy graves, tanto a nivel físico como psicológico. Los síntomas más comunes son depresión y ansiedad, motivos de la gran mayoría de las bajas laborales.

.　.　.

Te lo resumo de esta manera: estrés + mucho estrés + demasiado estrés = *burnout.*

Si el estrés se acumula, al cabo de cierto tiempo esto da lugar a un *burnout,* por lo tanto, este no puede activarse sin haber experimentado primero cierto grado de estrés, pero, por el contrario, el estrés puede manifestarse perfectamente sin derivar necesariamente en *burnout.*

Los psicólogos sabemos que el estrés no es un trastorno por sí solo, mientras que el *burnout* sin duda sí lo es. Incluso se podría afirmar que es prácticamente imposible tener una vida sin estrés. Una de las consecuencias que puede derivar de este trastorno es que ya no seas la persona que quieres ser o la que eras antes.

Como ves, existe una diferencia significativa entre el estrés y el *burnout.* Pero, lo que te quiero significar es que, estos dos problemas van a terminar sumiéndote en un círculo vicioso, como me pasó a mí.

Durante años acumulé estrés e iba observando que las cosas ya no eran tan fáciles para mí como antes, me refiero por ejemplo a la producción de ideas. Empecé a experimentar ciertos problemas de concentración, trastornos de la memoria, y esto a su vez me llevaba a sufrir aún más estrés.

. . .

Sin embargo, el sufrir todos estos problemas tampoco es algo del todo anormal. Los síntomas del *burnout* empezaron a manifestarse cuando quería reaccionar contra ellos, y eso me generaba más estrés. De ahí que el estrés también aparezca porque estaba sufriendo sus síntomas, y como bola de nieve esto hace que sufriera aún más estrés y en consecuencia más síntomas de *burnout*.

Ser consciente de lo anterior me llevó a tomar una de las decisiones más difíciles de mi vida, renunciar a mi «Exitosa» vida laboral y profesional de veinte años ininterrumpidos, dejar de lado los títulos y etiquetas con los cuales me cubrí por años, y dedicarme a mí.

No fue fácil, porque luego de tomarla, quedaba «desnuda» sobre quién era yo. Antes, si alguien me preguntaba quién era, respondía fácilmente desde el cargo que ostentaba: «*soy la directora...*» Posteriormente si alguien me preguntaba quién era ¿qué se supone que debía responder? Si ya no cargaba con títulos y etiquetas sobre mí.

Pongo entre comillas la palabra exitosa porque eso era lo que yo creía que era hasta ese momento, pero cuando te encuentras del otro lado te das cuenta de que de exitosa se tiene muy poco, cuando recibes condecoraciones y por otro lado tu salud física y emocional se deteriora.

A partir de mi historia, te invito a la siguiente reflexión: si has estado sumido por años en el cuidado de tus hijos, en tu empleo, en tu estudio... esas son tus pasiones, *¿cuándo te vas a dedicar a ti?* Qué te parece si por un momento dejas aquello que te ata, tus hijos demandantes, tu trabajo estresante, tu pareja asfixiante y te dedicas un momento para ti, solo para ti. A eso le llamo soltar.

Ahora me hago estas reflexiones y te las dejo a ti: ¿Es lo mismo ser excelente que ser el mejor? ¿Todos aspiran a ser excelentes? ¿Todos pueden ser excelentes? ¿Qué decisiones tienes que tomar para comenzar tu camino a la excelencia?

De mi historia personal te dejo esta conclusión: en primer lugar, que la excelencia no lleva más trabajo que la mediocridad, y en segundo lugar que más trabajo y más esfuerzo no necesariamente conducen a mejor calidad. Se trata de un caso de confusión entre correlación y causalidad: no hay una correlación de causa-efecto entre cantidad de esfuerzo y excelencia, ni hacia un lado ni hacia el otro.

Por lo tanto, no tienes que levantarte como yo lo hice por tantos años a las 3:30 de la mañana para ser excelente, debes tener la capacidad de hacer de tu vida un completo balance armónico.

V

EXTRAORDINARIO

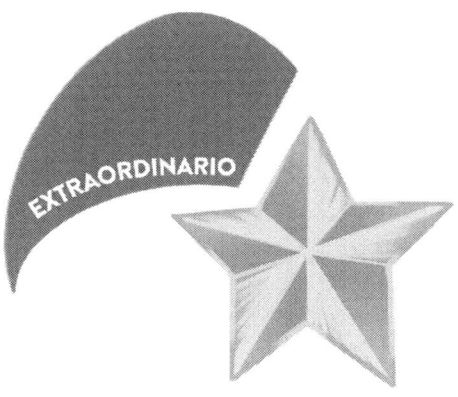

17

PASÉ DE UNA VIDA ORDINARIA, A UNA VIDA EXTRAORDINARIA

Abro mis ojos en las mañanas, cuatro horas después de lo acostumbrado por muchos años. Son las 7:00 am y lo único que escucho afuera es el canto de los pajaritos que nos dan hermosas serenatas cada día, como si nos dijeran «sonrían que llegó un nuevo día».

Me levanto con toda la calma, pensando aún cómo es que pasé de una vida acelerada, de estrés y agotamiento, a una vida sin afanes, rodeada de naturaleza, flores, verde, paz y armonía. Sí, es la vida soñada. Esta vida inició cuando le dije adiós a la otra, cuando cerré la puerta y me lancé a la aventura de lo nuevo y lo desconocido.

De no haber dado ese paso, es muy predecible lo que estaría haciendo en este momento: estaría en una oficina, atendiendo diez reuniones al día, sin la posibilidad de crear para mí y mi proyecto, y sintiendo por la noche la decepción de tener las manos vacías. Hoy muchos de mis antiguos compañeros siguen en esa misma rutina, por apariencia y compromiso. Tal como lo describió Robert Kiyosaki en su muy famoso libro «Padre rico, padre pobre», donde describe el concepto de la carrera de la rata, como un concepto social que engloba a todas aquellas personas que viven su vida como si de una rata encerrada en una jaula se tratara, dando vueltas sin parar dentro de una rueda sin llegar a ningún sitio. Siempre está en el mismo punto.

Si bien Kiyosaki hacía referencia al concepto de economía financiera, describiendo aquella situación en la que los gastos tienden a crecer al mismo ritmo en que aumentan las ganancias, yo traigo este concepto de la carrera de la rata a la situación de miles de personas que están atrapadas en un mismo lugar, no se quieren detener y no llegan a ningún lado, generando por supuesto una gran frustración. La invitación es a parar, pensar, tomar decisiones y seguir, tal y como lo hice yo.

Llamo a este lugar «Mi paraíso», la cuidad de San Petersburg ubicada en la costa del golfo de Florida en Estados Unidos, y que forma parte del área de Tampa Bay.

Esta hermosa ciudad es conocida por su clima agradable. Es popular por el golf, la navegación, la pesca y las más hermosas playas de este país. Sus parques costeros albergan el Museo de Dalí, con obras surrealistas; el Museo de Bellas Artes, con obras que van de lo antiguo a lo contemporáneo; y el Teatro Mahaffey, sede de la Orquesta de Florida. Aquí es el lugar perfecto para pasar de un estado de supervivencia como estuve por tantos años, a un estado de creación que me ha permitido descubrir talentos que antes no conocía.

Mis días transcurren con mucha calma. Al levantarme doy gracias a Dios por un día más con salud y al lado de mi esposo, un ciudadano de este país que sirvió por muchos años a la Armada de los Estados Unidos o la Marina de Guerra, que es una rama de las Fuerzas Armadas de USA, responsable de llevar a cabo operaciones navales, retirado hace un par de años y quien me anima y apoya en mis proyectos actuales.

Al regresar a casa me preparo para iniciar mi jornada de servicio a los demás a través de mi empresa Happynar Global, red de conocimiento que nació finalizando el año 2019 con el propósito de ser puente de conexión y creación de saberes. A través de este emprendimiento social conozco personas todos los días, sin exagerar, mínimo una, de lo cual llevo un registro debidamente organizado.

Esto es lo que más me gusta hacer, mi propósito se resume en dos palabras: servir y conectar, y mi empresa me permite materializar esta misión tan bella, a través de la cual sé que he logrado, junto con un equipo maravilloso de personas, tocar miles de vidas a través de nuestros eventos y actividades académicas de alto nivel.

. . .

Puedo pasar horas y horas hablando y conectado a las personas, respondiendo docenas de mensajes que llegan cada día agradeciendo lo que hacemos y lo bendecidos que se sienten al encontrarse con Happynar en su vida.

La palabra Happynar es muy poderosa, resumen en ocho letras nuestro propósito: happy = feliz y nar = conocimiento. Viene de la palabra *seminar* en inglés, que en español traduce seminario. La etimología de esta palabra es: donde nace el conocimiento. Por eso cada día hago realidad mi propósito a través de esta hermosa herramienta llamada empresa.

Porque el propósito no se debe quedar solo en un constructo epistemológico y filosófico, debe ser ante todo una puesta en acción cada día, de lo contrario solo son palabras bellas que se quedan en la nebulosa.

Gracias a Happynar descubrí personas que me animaron a escribir, a sistematizar en este texto mi experiencia de vida, para que perdure más allá de mi existencia física en la tierra. Gracias a Arturo Villegas por darme su respaldo y apoyo profesional en esta obra, a mi esposo que pasó horas y horas sentado a mi lado para inspirar cada palabra. Gracias a mi madre de quien honro a través de estas líneas su existencia. Gracias a mi familia, amigos y personas que han pasado por mi vida, porque cada uno a puesto un ladrillo en esta construcción.

· · ·

En las noches me acuesto con la satisfacción de saber que ayudé a muchas personas alrededor del mundo. A la mayoría de ellas no las conozco, eso es lo más lindo, que se hace un trabajo anónimo, no desde el ego sino desde el propósito. Así transcurren mis días, por eso esta nueva Ángela es muy diferente a la que describía en los capítulos iniciales. Lo que tuve que hacer para tener esta vida es **¡tomar decisiones!**

Hoy te invito a pasar de una vida ordinaria a una vida extraordinaria, esta palabra está compuesta por la unión de dos palabras: «extra» y «ordinaria». La palabra «ordinaria» no tiene vinculadas emociones poderosas y positivas, sino todo lo contrario, la asociamos a una connotación negativa. Pero la palabra «extra» sí que tiene vinculada una alta connotación positiva y mucho encanto.

La palabra «extra» nos indica que podemos esperar algo por encima de la media, algo especial. El secreto para vivir una vida «extraordinaria» es muy simple: comienza a añadir algo «extra» a todo lo «ordinario» que hay en tu vida.

En conclusión, cambié mis trajes de sastre de marca, por una camiseta y unos tenis; cambié mi cuaderno lleno de actividades pendientes por hacer, por un libro donde escribo poemas; cambié el reloj despertador, por una orquesta sinfónica de pajaritos; cambié de trabajar para otros a crear desde mi propósito; cambié las calles llenas de gente, por paisajes donde solo veo naturaleza.

· · ·

Sé que para muchas personas la luz que yo irradiaba como la luciérnaga les incomodaba, ellos saben quiénes son. Sí, derrame lágrimas, pero gracias a ellos hoy estoy aquí en mi paraíso y ellos siguen en la carrera de la rata, encerrados, corriendo tras su ego. Ellos son mis maestros, a quienes perdono y bendigo.

18

TUS IMPOSTORES TE IMPIDEN
LLEVAR UNA VIDA EXTRAORDINARIA

L os psicólogos estudiamos «el síndrome del fraude», trastorno en el cual las personas exitosas son incapaces de asimilar sus logros, por lo tanto, el individuo no se atribuye su reconocimiento.

Este término fue acuñado en 1978 por las psicólogas Pauline Clance y Suzanne Imes, aunque no está catalogado como un trastorno psicológico de acuerdo con el Manual Diagnóstico y Estadístico de Trastornos Mentales, que es el documento de referencia sobre el cual los psicólogos hacemos los diagnósticos. Este desequilibrio mental y emocional hace que el individuo no se sienta merecedor de sus éxitos.

Es importante saber que siete de cada diez personas han padecido el síndrome del impostor en sus vidas, mejor dicho, hemos sufrido, estadísticas donde yo también me cuento. En muchos espacios de mi vida académica y laboral sentía que no era lo suficientemente buena en lo que hacía, y me señalaba y castigaba diciéndome permanentemente que era una incapaz, una inútil, un fraude total.

Sentía que mis logros eran el resultado del azar, nunca de mi disciplina, y de mis dieciséis horas de trabajo diario, siete días a la semana. Esto por supuesto me llevaba a una falta de confianza en mis propias competencias. Sentía que defraudaba a todo el mundo y por lo tanto señalaba como fracaso todo aquello que se vislumbraba como exitoso. Todo esto acompañado de cuadros sintomáticos como estrés ansiedad y tristeza, bordeando la depresión.

Ahora bien, si tú te sientes identificado, es importante indicarte cómo puedes superarlo y no estoy hablando de tratamiento. Déjame decirte, más allá de mi formación como psicóloga terapeuta, desde mi experiencia en estos últimos años, que esa incómoda sensación desaparece en la medida que conectas con tu esencia, cuando te ves a ti mismo como merecedor de reconocimientos.

Es aquí donde los pensamientos juegan un papel significativo. Aprender a identificarlos y a validar que este «síndrome del impostor» está asociado a una situación que viviste en tu pasado, quizás asociado al rechazo, falta de amor y desprecio, puede ser algo más global por lo cual te vendría muy bien acompañamiento profesional.

· · ·

Aquí hay un gran trabajo que hacer sobre la aceptación y el vínculo contigo mismo, ese permiso que debes darte para aceptarte como eres, incluida tu vulnerabilidad.

19

VOLVER A LO BÁSICO

Tuve el privilegio de estudiar *Un curso de milagros* con mi buena amiga Carolina Escobar. No sé si llamarlo un libro o un manual de lecciones de vida. Es un libro escrito en 1976 por la psicóloga Helen Schucman. Busca despertar y ver la vida desde el origen. Se dice que el milagro más grande es vivir desde el amor.

Carolina y yo dimos pasos similares en nuestro camino. Ella, una mujer formada en las mejores universidades dentro y fuera de su país, un día escuchó su corazón y se decidió por el servicio a los demás a través de su fundación Un Mundo de Milagros. Para estudiar este manual debemos tener la mente o mejor el corazón muy abierto para recibir, sin entrar en análisis desde la razón.

Decía Goethe:

«Los hombres ridiculizan todo aquello que no pueden comprender, incluido lo bueno y lo hermoso, cuya bondad y belleza no pueden comprender».

Dale al mundo lo mejor que tienes y puede que nunca sea suficiente.

Una de las frases del libro que más me impactó es: *«No tengo ningún problema, solo creo que tengo un problema».* Y no significa que los desafíos económicos, familiares, de salud, que la cultura ha etiquetado como problemas, no existan. Lo que sucede es que todo está dentro de ti, recuerda esta frase: *«No pasa nada hasta que algo se mueve»,* seguro debes recordar su autor en las clases de física del colegio, Albert Einstein.

Todo es energía, todo lo que ves a tu alrededor. No lo entendía muy bien hasta que estudié sobre cuántica con el doctor Néstor Braidot, un reconocido neurocientífico y dos maravillosas mujeres expertas en el tema, Blanca Mery Sánchez, colombiana y Verónica Fernández, española.

Estos conceptos llegaron para instalarse en mi lenguaje cotidiano. Ahora soy consciente de que todo lo que me rodea es energía que entra a mí a través de mis sentidos. En la energía no hay problemas, solo es energía, esto lo convierto en problemas cuando empiezo a procesarlos de una forma determinada, cuando me digo *«que experiencia tan dura estoy viviendo»*, «*esto se va a poner muy mal*», y cargamos con todo eso.

Soy una mujer creyente y eso me lleva a la responsabilidad de estudiar el libro más sagrado de mi religión católica: la Biblia. Antes solo la leía, pero estando en este país me he dedicado a estudiarla desde hace tres años, con un grupo de personas que me explican y me hacen ver la dimensión de este magnífico texto lleno de sabiduría, que antes solo recitaba.

El primer versículo de la Biblia dice:

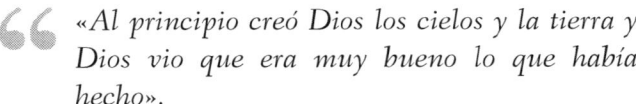

«*Al principio creó Dios los cielos y la tierra y Dios vio que era muy bueno lo que había hecho*».

Dios lo creó todo y todo era bueno, todo lo malo nace cuando creamos el ego, que no es más que una idea que llevamos dentro y que me separa de la fuente u origen de la perfección en la que fui creado.

Por lo tanto, no soy lo que hago o lo que la gente piensa de mí, no soy tampoco mi reputación, andamos por el mundo separado de nuestro origen que dejamos de crear en la integridad de nuestra mente.

¿Sabías que tenemos en promedio siete preocupaciones constantes que cada día rondan nuestra cabeza y que por lo visto hasta este momento condicionan nuestra forma para afrontarlas?, algunas de las preocupaciones más recurrentes están relacionadas con nuestra apariencia física, las relaciones afectivas y el dinero. Te propongo hacer lo siguiente en cuatro sencillos pasos.

- **1) Haz una lista con tus preocupaciones:** dales un nombre, una personalidad, aunque las tengas claras en tu mente. Te animo a hacerlo por escrito, te sorprenderás de lo útil de este ejercicio.

- **2) ¿Cuánto tiempo y energía te están quitando esas preocupaciones?** De acuerdo con el Doctor Joe Dispenza, profesor, escritor e investigador especializado en neurología, neurociencia, bioquímica y biología celular, al día tenemos entre cincuenta mil y sesenta mil pensamientos, y de ellos la mayoría son iguales a los del día anterior. Los mismos pensamientos conducen a las mismas elecciones, y las mismas elecciones conducen a los mismos comportamientos y estos crean las mismas emociones, y estas emociones influyen en tus pensamientos, y así volvemos al mismo círculo vicioso. A propósito de lo que indica el Doctor Dispenza, la ley propuesta por el neuropsicólogo Daniel Hebb en 1949, que lleva su mismo nombre, nos amplía esta teoría. Se trata de una regla que explica cómo la actuación de las neuronas da pie a los recuerdos. Las conexiones sinápticas se activan de forma contigua en el tiempo y el espacio, de allí que cambiar hábitos resulte un poco difícil, porque supone debilitar esas conexiones fuertes y crear nuevas.

- **3) Define un plan de acción ¿qué puedes cambiar?** Si hay cosas que puedas cambiar, cámbialas, siempre hay cosas que se pueden hacer. Todos, en algún momento de nuestra vida, hemos querido hacer cambios, esto es algo normal en los seres humanos y en la naturaleza, pero no siempre es fácil. A partir de estas experiencias es muy normal y comprensible llegar a la siguiente conclusión: *«qué quieres cambiar de tu vida y qué está a tu alcance cambiar».*

- **4) Estrategia de sonrisa interna:** identifica el pensamiento de aquellas cosas que no estén a tu alcance cambiar, y al estar de frente a él, sonríele suavemente y dile: ya lo sabía.

La energía que tienes para crear lo que deseas está en tus pensamientos, y si deseas que tu vida sea tranquila debes empezar por controlar esos pensamientos que son los que te van a crear tu vida soñada. Si al contrario dedicas tus pensamientos a las experiencias negativas, eso se reflejará en tu vida. Cambia la mente, cambia tus pensamientos y afrontarás con más herramientas tus dificultades en la vida.

Te pregunto ¿cuánto tiempo dedicas a estar en un estado de felicidad? O ¿te estás saboteando permanentemente a través de tus pensamientos? No se trata de ser mejor que otra persona, consiste en que tú seas mejor de lo que eres en todos tus roles.

Cuando hablo sobre la importancia de cuidar los pensamientos en la resolución de problemas, me dicen: «los problemas son reales y están allí», y no lo dudo, pero ¿qué sucedería si un día te golpeas tu cabeza y caes inconsciente? ¿Dónde quedarían tus problemas? ¿Desaparecerían?, claro, porque ya no están en tus pensamientos.

DECÁLOGO PARA ALCANZAR EL ÉXITO

Me tomaré el atrevimiento de darte algunos secretos para alcanzar el éxito desde mi propia experiencia. Cuando un día decidí conectar con mi origen, no fue una norma o un condicionamiento, solo fue el fruto del camino recorrido en estos últimos años, porque cuando estás en paz y has alcanzado el éxito real experimentarás el deseo de compartirlo con los demás. Recorramos juntos este camino.

1. No apegarte a nada: aplica para lo material y también para tus pensamientos. Aparentemente sencillo, pero la cultura se encarga de mantenerte sumergido en el universo consumista. Me ha servido recordar permanentemente cómo llegué a este mundo: desnuda, y también así me iré. Pensar en esto me sirve para ser consciente de que no llegué con nada y me voy de la misma forma. Tus apegos son la fuente de todos tus problemas.

. . .

Antes de nacer, alguien ya decidió qué era bueno para ti y para mí. Vamos creciendo con los mensajes externos rondando nuestra vida, todos ellos sesgados, sí, *todos*. Somos solo una pequeña partícula en un universo infinito, no hay una pared al final del universo, sabemos muy poco del lugar donde vivimos, de nuestro planeta, por eso vernos diminutos nos permite conectar con la esencia donde somos gigantes.

Casi no sabemos nada en comparación con lo que podríamos saber, nada fuera de ti puede hacerte feliz.

2. Deja de quejarte: quejarnos es una de las cosas más destructivas que hacemos. No solo contaminamos a los demás, sino que también nos contaminamos a nosotros y a nuestro futuro. Existe una frase muy cierta que dice: *«quejarte hoy sobre el ayer, no hará mejor el mañana»*.

La queja crónica nos proporciona negatividad y activa la hormona del estrés, el cortisol. El sistema inmunitario se debilita y la presión arterial aumenta, lo que aumenta el riesgo de obesidad, enfermedades cardíacas y otras enfermedades.

3. Abre tu mente a tu potencial ilimitado: decía Miguel Ángel:

«*El peligro no está en tener sueños muy elevados y fracasar en lograrlos, sino en lograr tus sueños cuando son muy pobres*».

Tener una mente abierta significa estar en paz, dar amor y practicar el perdón y servir.

4. No mueras con la escultura dentro de ti: siguiendo con Miguel Ángel, recuerda lo que respondió cuando alguien le preguntó *¿maestro, cómo puedo hacer una escultura?* y él respondió, simple, retira del bloque de mármol todo lo que no es necesario. ¡Ah, qué bello y profundo!

¿Ya sabes lo que debes retirar? Pensamientos, prejuicios, rencores, de otra forma no podrás ver tu propósito, esa escultura tan bella que está dentro de ti, que siempre ha estado allí, y más vale que lo hagas pronto porque a ti y a mí y nos quedan pocos días en este mundo. A la muerte yo la llamo mi acompañante silenciosa, siempre ha estado allí desde mi concepción y nos hace llamados para que le prestemos atención. No olvidemos que siempre está a nuestro lado, tal vez con un infarto, una úlcera, un dolor, aunque no siempre logre que le hagamos caso.

5. Inspírate e inspira a otros: a nuestra edad es común que perdamos la capacidad de sentir como lo hacíamos de niños, volviéndonos cada vez más lógicos y conceptuales. Aunque la lógica tiene su lugar, también lo tienen las emociones. Si quieres lograr una vida y resultados extraordinarios, inspírate e inspira a los demás.

6. Solo puedes dar lo que tienes: no es nada nuevo para ti, seguro lo has escuchado cientos de veces, aun así, aquí quiero recordártelo porque las personas creen que gozan de éxito en sus vidas, pero no es así porque no han podido entender esta verdad tan evidente.

Te pregunto algo muy básico ¿cómo respondes frente a situaciones difíciles de la vida? Respondes con lo que tienes dentro, respondes con odio o con amor. Tu vida solo cambiará si transformas lo que llevas dentro, lo que das al mundo es lo que regresa.

Si exprimes una mandarina ¿qué crees que va a salir? ¿Acaso jugo de naranja o de limón?, por supuesto que saldrá jugo de mandarina. Así mismo ocurre con cada uno de nosotros, lo que llevamos en nuestro interior es lo que finalmente vamos a reflejar.

7. Identifica tus pensamientos: esto es fundamental, para eso puedes tomarte un momento especial del día. No te digo lo que debes cambiar inmediatamente, por ahora el solo hecho de identificarlos es ya es un gran paso. En mi caso personal, viví por muchos años de mi vida apegada a mis antiguas tristes historias personales, y debo decirte que con ellas justifiqué muchos comportamientos. Llevaba colgados al cuello estos recuerdos como quien coge un crucifijo con el firme propósito que fueran mi salvación. Si algo salía mal, si mi comportamiento no estaba a la altura, si me victimiza, si maltrataba, solo echaba mano de mi pasado para justificarme. Hoy lo lamento.

8. Encuentra placer en las pequeñas cosas: en esta carrera frenética por lograr avanzar hacia algo más y mejor, a menudo nos olvidamos del placer y la riqueza que residen en las pequeñas cosas, aquellas que no se compran con el dinero. Son los detalles los que nos alegran el día, que nos causan sensación de bienestar, tranquilidad y satisfacción.

9. Sé flexible y tolerante contigo, con los demás y con la vida: buscar el éxito no tiene que venir acompañado de rigidez e intolerancia. La capacidad de cambiar es lo que permite inicialmente la sobrevivencia y, finalmente, la realización.

10. Aprende de los demás: Emerson dijo una vez:

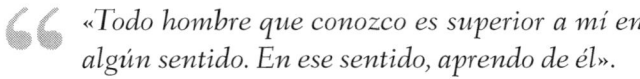 *«Todo hombre que conozco es superior a mí en algún sentido. En ese sentido, aprendo de él».*

Para vivir una vida extraordinaria es absolutamente necesario estar consciente de que uno no lo sabe todo y estar abierto a aprender de los demás. Nuestra respuesta natural es señalar lo que no nos gusta. Cada persona en la tierra sabe algo que tú desconoces; busca aprender esa cosa en cada interacción y eso hará que la otra persona se sienta importante.

Gracias por llegar hasta este momento de mi escrito, palabras y frases que han salido del alma. Un día que tomé la decisión de dejar plasmado con palabras lo que carga mi corazón, me senté y empecé a escribir, luego ya no pude parar hasta llegar a este punto. Me has regalado lo más valioso que tienes, tu tiempo y espero haber retribuido en algo, tu generosidad.

Te dejo con esta reflexión que resume en esencia todo el contexto del libro: solo hay dos razones básicas en la existencia de todo ser humano, el amor y el miedo *¿en cuál te mueves tú, la mayor parte del tiempo?*

ACERCA DEL AUTOR

Soy Ángela Kohler, la persona que te hablará a través de este libro. **Soy la semilla de mi madre asesinada**, esta es la mejor descripción que puedo hacer de mí. Estoy viva para compartirte a través de las líneas de este libro mis tres **P**: mi **P**ropósito, mi **P**asión y mi **P**lacer, las cuales te transfiero a través de mis experiencias personales y profesionales.

Llevo el nombre de Ángela como forma de gratitud a la mejor amiga de mi madre y lo cargo con todo orgullo porque lo relaciono siempre con la figura del ángel, ser celestial y bondadoso. Nací en un pequeño municipio llamado Sonsón, ubicado a cuatro horas de la capital del departamento de Antioquia (Colombia).

Fue precisamente en este municipio donde en el año 1988 mis ojos de adolescente presenciaron lo que sería el momento más desafiante de mi vida. Mi madre, una mujer de cuarenta y cinco años, líder y soporte de personas vulnerables, para quien la educación de sus cuatro hijos era la prioridad, aunque ella solo había cursado algunos grados de primaria; fue asesinada frente a los ojos de mi hermano de catorce años y yo de trece años. Como es apenas lógico, mi cerebro no daba crédito a lo que estaba pasando, así lo describo con todo detalle en el primer capítulo de este libro. Los cuatro hijos de esta gran mujer somos su semilla y su voz, porque a los hombres y mujeres se les puede eliminar, pero no a sus ideas y a lo que ellas representan.

Siguiendo el legado de mi madre, al terminar mi bachillerato como una de las mejores estudiantes, obtuve un cupo en la universidad pública más importante de la región, la Universidad de Antioquia, donde estudié becada mi carrera como psicóloga. Al finalizar mis estudios ingresé a la una de las Instituciones públicas más reconocidas de Colombia, el SENA: Servicio Nacional de Aprendizaje.

Tuve el privilegio de estar en el SENA por diecisiete años, ocupando varios cargos, en su mayoría de dirección. Jamas imaginé que aquella profesional recién graduada con poca experiencia, que entró a un gran edificio con más de dos mil servidores públicos para dejar su hoja de vida, dieciséis años después sería su directora. Hazaña que pocos pueden contar. Renuncié al SENA porque quería experimentar otro desafío, esta vez desde la capital de mi país Colombia, Bogotá, en el Ministerio de Educación Nacional, lugar donde me desempeñé como directora y varias veces encargada como viceministra. Desde allí recorrí mi país y vi de frente las desigualdades que tienen que enfrentar cientos de personas para quienes los programas sociales no llegan, en parte, por actos de corrupción de algunos mandatarios, lo cual me generaba profunda tristeza.

Luego de trabajar sin descanso durante veinte años, labor por lo que recibí condecoraciones por mi excelencia, al tiempo que lo alternaba con los estudios de mis maestrías y especializaciones en las áreas de Educación, Gerencia y Derecho, tomé una de las mayores decisiones de vida, renunciar a mi vida profesional y laboral para dedicarme a trabajar como voluntaria, esto también en honor a la memoria de mi madre y porque sentía el deseo de aportarle a otros lo que la vida me había dado.

En el año 2016, sin rangos y etiquetas, solo siendo Ángela, me trasladé a Estados Unidos con el deseo de permanecer por un año. Sin estar en mis planes, conocí dos meses después de mi arribo a quien hoy es mi esposo Steve. Juntos vivimos en un lugar bellísimo llamado St. Petersburg, ubicado en el Estado de la Florida (Estados Unidos). Desde este espacio ubicado en una hermosa bahía, nace mi idea de poner a disposición de la humanidad mi formación, experiencia y ante todo mi recién descubierto propósito de vida: **El servicio.**

Por ello creé una red de conocimiento a la que llamé **Happynar**, espacio desde el cual mejoramos la vida de cientos de personas a través de una gran red de expertos en las áreas de bienestar y felicidad desde las neurociencias, aplicando cuatro C: **C**oncebimos y **C**reamos **C**onocimiento de **C**alidad. Esta comunidad nace porque estamos convencidos que solos llegamos más rápido, pero acompañados llegamos más lejos. Te invito integrarte a este gran espacio de aprendizaje, aquí hay lugar para ti.

Algunos de mis mayores aprendizajes en este trayecto de vida es que si tú no tomas decisiones, la vida lo hará por ti y sin consideración, por eso si hay una decisión que has aplazado, *¡tómala ya!* de no haberlo hecho, yo no estaría hoy aquí compartiendo contigo este escrito. También aprendí la libertad que da el vivir sin etiquetas o rangos, porque si tu vida se reduce a un cargo o un título académico para ser **exitoso**, que pobre eres, debes saber que tú existencia es mucho más, aquello es algo pasajero. Por eso a partir de hoy cuando te pidan hablar sobre quién eres, te invito a describirte desde lo que no se agota, desde tu fuente, desde tu esencia.

Este libro lo escribí con la compañía de un gran hombre, mi esposo, nuestra perrita unicorn, la fuerza de mi familia y amigos y por el deseo apasionado que mis sobrinos que no tuvieron el privilegio de conocer a su abuela se sientan orgullosos de ella a través de este relato, escrito desde el corazón. Me siento orgullosa de mi vida como hija, hermana, esposa, amiga y de mi labor como voluntaria y empresaria social porque me permite ayudar a cientos de personas, como espero hacerlo contigo.

Quiero ayudarte, contáctame:

- Email: happy@happynar.com
- Web: www.happynar.com
- WhatsApp: +1 (727) 642 2719

facebook.com/happynarglobal

twitter.com/happynarglobal

youtube.com/HappynarGlobal

linkedin.com/in/happynar-angela-kohler

instagram.com/angelakohlerg

COLABORADORES EN ESTE LIBRO

Diseño editorial | Web | inmersion.digital

Diseño de portada | Instagram | @mariamilart

Revisión de estilo | Instagram | @letrasdeltoro

Made in the USA
Columbia, SC
15 December 2020

28073946R00096